実践と理論に基づく

「わらべうた」から始める音楽教育

乳児の遊び編

佐賀コダーイ芸術教育研究会
十時やよい 著

明治図書

はじめに

　コダーイ音楽教育の特徴は，一貫性と計画性です。

　その基本は，子どもの身体・情緒・知性の成長段階によりそった，課題と方法論によるものです。

　日本にコダーイ教育がもたらされて50年を迎えました。ハンガリーの優れた先生方から，多くの豊かな教えを受けてまいりました。多くの先生方の努力によって実践的なわらべうたの本が出版されてまいりました。そして今，コダーイの求めた「母国語のわらべうたから始める音楽教育」日本の言語と音楽と文化を基本にした一貫教育を始める時期を迎えたように思えます。

　佐賀では40年前から「わらべうた」を遊び，「わらべうた」から音楽の読み書きを学び，「わらべうた」から合唱をし，「わらべうた」からピアノやヴァイオリンを学び始める音楽教室を実践してまいりました。その中で，子どもたちの成長に合わせ，子どもたちの必要に応じて作り行ってきたレッスンのカリキュラムと実践の方法，教科書などを，作ってまいりました。

　「乳児のわらべうた」は，私自身が「わらべうた」による人格形成の豊かさを最も実感した部分です。子どもの発達にそった「わらべうた」を佐賀の先生方と分類して，初めての方もすぐ計画的に実践できるようにしました。保育園・子ども園・幼稚園の先生方も，これを参考に計画をたてて，「わらべうた」をいっぱい遊んでいただけるとうれしいです。一人一人違う子どもですから，計画どおりいかないのはあたりまえ！でも計画があると，何が違うか，何が必要かが見えて訂正ができますし，それによって変わってくる子どもたちがより可愛くなってきます。計画と実践と訂正を繰り返しながら，お一人お一人のカリキュラムができていくのを楽しみに，この本を作りました。

十時　やよい

目　次

第3章 イラスト＆解説でよくわかる！「遊ばせ遊び」

第4章　まとめ 「わらべうた」 が子どもの財産 となる為に

※第3章1〜10の実践とポイントの学びを全て終えてから，復習を兼ねて
　読みましょう。

※乳児の全体像を振り返り，幼児の集団遊び「わらべうた」に，どう繋がっ
　ていくのか，を学ぶ章です。乳児を学び終えてから，読みましょう。

付録　音楽教室のために
佐賀コダーイ音楽教室カリキュラム

第1章
「わらべうた」って何？
遊びの種類

① コダーイ音楽教育を始める前に
（乳幼児クラス）

　音楽教育としての，ソルフェージュ教育や器楽教育は，基本的に，学童になる時に始めます。なぜなら，その時期が子どもたちの，身体の発達・感情の発達・知的な脳の発達など，全ての点で有効な時期だからです。

　しかし学童になる前に，音楽を丸ごと聴き，丸ごと遊び，丸ごと歌い，全身全霊で楽しんだ体験があってこその，ソルフェージュ教育・器楽教育です。乳幼児の６年間を，わらべうたで豊かに遊んできた子どもたちは，先ず人間としての基礎ができており，また音楽的な土壌が豊かに育っています。そんな子どもたちが出会うソルフェージュや器楽は，学びが喜びとなり，自信となり，好奇心へとつながっていきます。

　ただし，「わらべうた」が音楽教育のための教材や素材として教えられるのでは，その力はつきません。本来の「わらべうた」として遊ばれ，体験し体感して得る力。そのようにして得た力こそ，情感豊かな知的学び，喜びの基礎となるのです。

　音楽は「音を楽しむ」。英語やドイツ語などではまさに，「Play The Music」遊びです。

　「遊び」にはルールがあります。繰り返される喜びがあります。身体を使い，頭を使い，心をふるわせながら，全身全霊で遊ぶ喜び。その遊ぶ力こそ，音楽の喜びの基礎となります。

　大人である私たちが，そのような遊びとして「わらべうた」を伝えていくには，「わらべうた」に対する，深い学びと工夫とが必要になってきます。

　「わらべうた」遊びの中には，どのような力があるのか，どのような課題があるのか，どのような美しさ，おもしろさがあるのか。それらを知ったう

えで，コダーイが「千枚の衣をもつ」といった「わらべうた」という，宝物を子どもたちに差し出したいものです。

それによって，子どもの全ての「五感」が開かれますように（体感できますように）。

❷ 乳幼児6年間

（1）「The End」　A.A. ミルンの詩から

ハンガリーの作曲家コダーイ・ゾルターンは「音楽教育は産まれる9ヶ月前から始まる」といっています。なぜなら，お母さんのお腹の中にいる時から音は聞こえているからです。そして，この世に生まれてからの6年間は，人の人生を決める最も大切な時代だといっています。なぜなら子どもたちは「人の一生に必要な基礎」のほとんどを，この6年間で身につけるからです。

「熊のプーさん」の作者である A.A. ミルンの詩集の最後に次のような詩があります。おそらく，子どもの世界を大切に描いてきた，ミルンの思いや願いの総まとめとしての詩でしょう。

子どもたちと日々をすごし，向き合っているあなたはどのような日本語に訳しますか？

シェークスピアの翻訳者である，小田島雄志・小田島若子ご夫妻や，絵本作家の岸田衿子・百々佑利子さんの訳詩があります。ぜひ，読んでみてください。

ここでは，わたしが子どもたちから教えられた子どもの姿で，訳してみました。

　　　　When I was One,　　　　　一つの　時
　　　　I had Just begun.　　　　ぼくは　はじまった

（一歳になると，歩き出し，話し出します。人間が人間である，２つの
特徴を手に入れるのです。）

　　　　When I was Two,　　　　　二つの　時
　　　　I was nearly new.　　　　ぼくは　あたらしくなった

（自分の意思で，歩き，話すことで，多くの事を体験し新しい人として，
開かれてきます。）

　　　　When I was Three,　　　　三つの　時
　　　　I was hardly Me.　　　　ぼくは　ぼくになった

（新しい体験，そして仲間をとおして，私・僕　という自分（自我）を
手にいれます。）

　　　　When I was Four,　　　　　四つの　時
　　　　I was not much more.　　　ぼくは　ぼく以上ではなかった

（様々なことが，わかり，冒険もし，試しもし，頑張りもする。でも，
思いと結果のギャップに気づきはじめます。）

　　　　When I was Five,　　　　　五つの　時
　　　　I was just alive.　　　　ぼくは　生きていた

（成功もし，失敗もし，泣いたり笑ったり。でも毎日，毎日全身全霊で
生きています。）

But now I am Six, I'm as clever as clever.
So I think I'll be six now for ever and ever.

でもいまぼくは六つ，知らなきゃいけないことは　ちゃんと知っている
だからぼくは　おもうんだ　今からずっと　ぼくは六つでいたいんだ
（しっかり自己主張も，喧嘩も，仲良しもしてきて，世の中の仕組みも
わかってきた。するべきこと，してはいけないこと，自分の思いを伝え
る方法，相手の思いを受け止める方法。そして，僕の知ってること，知
らないこと。まだまだ知りたいことがいっぱいいっぱいあるんだ。

　　だから，面白くって，楽しくって，興味津々で今のように，今のまん
まで，ずっと生きていきたいのさ。）

　私が今まであってきた子どもたちから教えてもらった姿は，上記のような
姿でした。そして今，様々な社会の変化によって，子どもたちからこのよう
に生き生きとした子ども時代が失われつつあることに，危機感と哀しみを感
じています。

　わらべうたを通して，生き生きとした豊かな子ども時代を，少しでも取り
戻すことができますように，願って！

（2）　乳児期３年間で身につけてほしい人となる基礎

【愛 着 関 係】　・１対１での関係をしっかり育んで，自我を育てる

【五感を開く】　・触感（触る・触られる），聴感（聴く），視覚（見つめる），
　　　　　　　　嗅覚（花・食べ物など），味覚（材質の違い・味の違い）

【自 己 認 知】　・自分の身体を感じて自分の存在を形として感じる
　　　　　　　　・体のシンメトリーを感じる
　　　　　　　　・各部位（頭・手・足・背・胸・腰・おなか・お尻）を感じ，
　　　　　　　　動かす

【歩きの基礎】　・体幹を育てる

　　　　　　　　・重心の移動

【集　中　力】　・好奇心をもって，見る・聴く・触る・触られるなど（遊ば
　　　　　　　　　せ遊び）

　　　　　　　　・体の寸法・子どもの鼓動に合った歩きや，しぐさ

（3）　幼児期3年間で身につけてほしい人間的力と音楽的力

【継　続　力】　・繰り返しの面白さを知る・同じことを繰り返しする力

【記　憶　力】　・五感で得た情報を留める習慣

　　　　　　　　・経験を言語化する習慣

【空　間　認　知】　・上下・左右・前後・斜め

　　　　　　　　・広さ・長さ・高さ

【自　己　認　知】　・自分には心＝感情があること。良いとされる感情も，悪い
　　　　　　　　　とされる感情も両方もっていること。どちらも大切なこと

　　　　　　　　・自分以外の人にも，感情があること

　　　　　　　　・自分には言葉があって，表現したり，伝えたりできること

　　　　　　　　・言葉は，人や動物や物に名前をつけて，表せること

　　　　　　　　・言葉は，物事のようすや動きなどを説明出来ること

　　　　　　　　・言葉は，感情を表せること

【身体の発育】　・無駄のない自然な歩き・走り・停止・方向転換・継続力など

　　　　　　　　・空間認知（視覚と運動の連動）

【情緒の発育】　・様々な感情の体験と言語化・自己コントロール力

　　　　　　　　・物語の理解力

【知的な発育】　・見立てなどによる物や言葉の概念

　　　　　　　　・10までの数学的体感

　　　　　　　　・空間認知（形・方向性・時間・速度）

【歌　　　う】　・聴く・歌う・覚えるがごく自然にできる＝習慣化

【拍　　　感】　・拍で歩く：歌にあった自然な歩き

　　　　　　　　・拍叩き：歩くように叩きましょう＝膝叩き

【リズム叩き】　・歌うように叩きましょう＝手叩き

【モチーフ感】　・交互唱

【抽　象　化】　・音声歌い（言葉でなくパ・マなど一つの音声で歌う）

＊但し，言葉で説明したり，名前（拍・リズムなど）を教えることはしない

＊五感を通じて感じ，見分け，聞き分け，自然に動くように，遊ぶ！

＊言葉での説明，名前を覚えることは，学童になってからの課題

＊学童になって，言葉を言語として学ぶ時に，生きた言葉として受け止める
　為に，多くの体感や体験を意識的にする時期

❸ 「わらべうた」って　なーに？

（1）「わらべうた」って　なーに？

①　伝承歌

・日本の民衆が，生活の中で，代々歌い継いできた歌

・大人のための伝承歌は，民謡・講談・都都逸など

・個人が，考えて作詞・作曲した歌（童謡・唱歌・歌謡曲）とは違う

②　生活の中で伝えられてきた，子どものための歌

　A　遊びうた＝遊びと一体となっている歌

　　1）遊ばせ遊び＝乳児に，大人が1対1でしてあげる遊びうた

　　2）わらべうた＝子ども同士で，群れて遊びながら歌い継いできた
　　　もの

＊リズムだけの歌（カタカナ表記）・音の付いた歌（ひらがな表記）

B　こもりうた

　　子どもを寝かせる時に歌われた（子守りの歌・親の歌）

C　語呂合わせ＝音やリズムの決まっていない言葉遊び

（2）「わらべうた」が，なぜ良いの？

①　子どもの成長の助けになる要素が，ふくまれている

A　身体の発育をうながす

＊触られて（遊ばせ遊び）／自分が動いて（わらべうた）

B　情緒（心の安定や豊かさ）を育てる

＊触られて（自己認知）＊愛着関係ができる

C　知的な発達をうながす

＊豊かなことば　＊始めと終り・順次性など　＊擬似社会の体験

②　日本人のアイデンティティを，育てる

A　日本語のもつ，自然なリズムと音からできている

B　日本語の特徴「見立て」や「語呂合わせ」「擬声語・擬態語」などが，いっぱい入っている

C　日本の，文化・伝統・行事・自然などを，遊びの中で体験できる

③　幼児の「わらべうた」は，子ども同士で遊ぶことを通して

A　人間社会の様々な出来事を，遊びとして，疑似体験できる（社会の組織・人間関係など）

B　擬似体験をすることで，自分で見て，自分で考え判断し，自ら行動する，自立し自律した人間に育っていく

（3）「わらべうた」をする時，何に気をつける？

①　月齢・年齢（成長）に合った遊びをする

② 歌の言葉・音・リズムなどを，自分の思いで勝手に変えない

何世代もかかって，良いものが残されてきたのです。まずそのままやってみましょう。

③ 繰り返しこそわらべうたの楽しさ，面白さ

＊「遊ばせ遊び」は，最低３回は続けてしてあげましょう。

＊「わらべうた」は，最低20回以上は遊び，歌い続けましょう。

（30回以上続けるのが理想です）

＊大人が充分と思った頃，子どもたちは楽しく遊び出します。

＊その時，子どもにとって，「わらべうた」が「わらべうた」となります。

④ 遊ばせ遊び

＊「１対１」でします。「一斉」にしたら，それはもう「遊ばせ遊び」ではなくなります。

＊小さな身体です。小さな動きで充分です。小さな声で充分です。

＊心臓の鼓動が速いので，ゆったりしたテンポでしてあげましょう。

＊きちんと，抱っこしたり，目を見たり，手を見たりして，「あなたが大切」と，伝える気持ちでしましょう。

⑤ わらべうた

＊まず大人が，まるごと遊び，歌い出しましょう。

・解説したり，説明したり，歌だけを覚えたり（遊びと別に），教えたりしません。遊びでなくて，お勉強になってしまいます。

＊子どもは，大人と一緒に遊びつつ，真似しつつ覚えます。

・遊びの中でルールを理解し，そのルールにそって，いっぱい遊びましょう。（拍ごとの歩きや動作・歌の終りで役交代・門が落ちる順番や順序）

・いっぱい遊ぶと，子どもは自然に何かちょっと難しい遊びに変えていきます。

・その時が，その子どもたちにとって，その遊びが「わらべうた」になった瞬間です。

❹ 子どもの発達にそった，わらべうたの順次性

（1） 乳児の発達

① 身体の発達

A 寝る／寝返り／這い這い／お座り／掴まり立ち／伝い歩き／揺れ歩き／階段のぼり／走る／両足とび／片足とび

B 自分の身体で遊ぶ／物を掴む／打ち鳴らし／出し入れ／積み重ね／横並べ／なぐりがき／手首回し／積木や粘土／指先で掴む／クレヨンをもつ

② 言語の発達

音に反応／声の方向を向く／真似する／反復喃語／有意味喃語／指さし／一語文／二語文／意志や疑問／身体や人の名前／感情を表す言葉

③ 社会性など

A 五感での受容／身体の確認／物で遊ぶ／愛着心／微笑／手伸ばし／エコー／イナイイナイバー／人見知り／バイバイ

B 模倣遊び（表情／動作／言葉／生活の模倣）

（2） 「遊ばせ遊び」が内包する要素

① 自己認知

A 触りながら歌う（全身／手／足／頭／顔）

B 貴方と私（イナイイナイバー）

② 身体の発達を促す

【各部位】

・指（開閉）　・手腕（横振り／縦振り）　・頭　・足（屈伸など）

【全身（バランス）】

・全身の揺れ（膝のせ）（横揺れ／縦揺れ／横縦揺れ）

・腰の屈伸（舟こぎ）　・回転　・人持ち　・身体ぶつけ

③ 歩き

・横揺れ歩き（個別⇒少人数でついていく）

・練り歩き　・前後の歩き　・歩き＋○（しゃがむ／跳ぶ，など）

④ 動作の認知

・模倣遊び

・しぐさ遊び（鼓動ごとの動作の反復）

⑤ 言葉

・語呂合わせ　・対の言葉　・見立て　・数えうた

・風俗（祭り／行事）

（3）　遊ばせ遊びから，わらべうたへ

① テーマ遊び（2歳児）

　A　身近な生活の模倣

　　時間の流れ，物事の関係，物事のつながり（原因と結果）を体感

　B　見立て遊び

　　物の概念を捉える（お手玉を，おにぎりやお饅頭として遊ぶ）

② ファンタジー遊び（3歳児）

　A　現実とあの世（想像の世界）を同等に体感できる最後の時期

　B　昔話の世界／ドラマツルギー

　　＊この時期に，想像の世界，物語の世界を，しっかり体験しておくと，
　　　次の幼児期に，現実をキチンと認識できる

（4）付録 幼児の「わらべうた」遊びの種類とそれぞれの遊びが内包する要素

〈要素〉

① 身体の発達を促す　♯

② 様々な感情を体験する　＊

③ 知的な体感をする（始めと終り・序列・空間認知・宇宙や社会のルール）＝哲学　★

④ 知的な体験をする（自己選択　⇒　個の確立）　☆

【遊びの種類】

A　鬼きめ　　　　　　　♯＊★

B　しぐさ遊び　　　　　♯＊★

C　役交代遊び　　　　　＊★☆

D　門くぐり　　　　　　＊★☆

E　勝負遊び　　　　　　♯＊☆

F　隊伍を組んで　　　　♯★

G　昔遊び　　　　　　　♯＊

⑤ 乳児の発達段階にそった 「遊ばせ遊び」一覧表

　各年齢の発達段階の一覧表とその時期に良い遊ばせ遊びを皆で選んでまとめてみました。カリキュラムをたてる時，参考にしていただければうれしいです。

① 『新訂　わらべうたであそぼう　乳児のあそび・うた・ごろあわせ』（明治図書）
② 『いっしょにあそぼう　わらべうた　０・１・２歳児クラス編』（明治図書）
③ 『新訂　わらべうたであそぼう　年少編・付 文字あそび』（明治図書）
④ 『いっしょにあそぼう　わらべうた　３・４歳児クラス編』（明治図書）
⑤ 『わらべうたあそび　春・夏編／秋・冬編』（明治図書）
⑥ 『わらべうた　音楽の理論と実践』（明治図書／絶版）
⑦ 『うたおう　あそぼう　わらべうた』（雲母書房）

　ほとんどの遊びが，①②の本に出ています。①②の両方に出ている遊びには，番号を書いていません。
　どちらか片方か，それ以外の本にのっているもののみ，番号を書いています。

（1）　０歳の発達段階にそった「遊ばせ遊び」（第１期・第２期）

０歳	全身	歩き	部位	運動認知	言語	自己認知	関係性	社会性
第１期	仰向け 復位で頭あげる （背筋・首・屈筋首すわり） （内耳重力・運動感覚・目の筋肉・頸の筋肉の統合）	足けり 足すりあわせ	追視90度 視力20〜30cm 追視180度 縦の追視 両手からませる 触れたものを口に 正中線越え	あやしあやされる 玩具遊び 玩具哺乳瓶の認知	注視と口の開閉 破裂音 舌鳴らし	口で遊び （手・服） 舌だし	特定の大人との決まった関わり 特定の大人とのあやしあやされる	生理的微笑
（〜３ヶ月頃）			テンコテンコ② ニンギニンギ⑦ ＊布 ジージーバー ちっちこっこへ⑥	＊布 ケムケムヤマへ①	ウンコがたり②		ジージーバー こもりうた	

０歳	全身	歩き	部位	運動認知	言語	自己認知	関係性	社会性
第２期	横向きになる （重心側方） 足なめ ＊寝返り （横向き・骨盤・肩と頭・首） ＊腹ばいから仰向けになる （胸を胸の下・肩を引き戻す） ＊肘支え 　手掌支え ＊360度回転追視 ピボットターン グライダーポーズ	横向き （背筋・腹筋） 足指反らし 足裏刺激 足屈伸	握る 口に移動 立位での 　ツンツン屈伸 足指反らし 足裏刺激 足屈伸 親指と手の平掴む 玩具持ち替え 手首回し ４本と親指掴む ひっくり返す 片手支持 片手伸ばし 片側の手に 　重心移動	口触覚で確認 口でのいじり遊び	喃語 運動を促す 遊びを助ける 　ため言葉かけ 名前呼び 反復喃語	自分の手で手遊び 握る 手から手 名前に反応 鏡の自分を認知できない	愛着関係ができてくる 自ら大人に笑いかける 記憶〜	社会的微笑 喃語での応答
（〜６ヶ月頃）	＊触る　コーブロ・ボウズ・いちり・いちめどー ＊揺らし　ちんぶんかんぶん⑥ ダルマサン⑥ ぜんぜがのんの① ＊腹這い　見せる かなへびこ⑦		＊追視 おぼさんだいだいだい チュチュコッコ ケムケム（布）① ＊足曲げ カッテコ（カッテコ）		この時期のわらべうた全て （特にトナエ）	コーブロ ボウズ いちり まがんこ②	コーブロ ボウズ ぜんぜがのんの①（だっこして）	

20

（2）　0歳の発達段階にそった「遊ばせ遊び」（第3期）

0歳	全身	歩き	部位	運動認知	言語	自己認知	関係性	社会性
第3期	引き起こし 腹這（背筋・腹筋）				擬音や繰り返し 反復喃語			
	這い這い （手と前足を引き体幹廻旋）	足指の蹴り 足の屈伸	指で掴む いじり遊び	対物志向 緊張弛緩の遊び		自己主張が始める		
	両側性パターン 　左右対称 　伸展屈曲	手の平・足の指開いて這い這い	2つを見比べる 打ち鳴らす	体の重力感から 距離感 空間知覚 目のコントロール	語呂合わせ	手遊びを真似 自分の手で動かす玩具		
	交互製パターン 　片腕支持 　体ひねり 　足の引きと蹴り		目的物に手指を出す 手の平から指へ送り出す	手遊びを真似る				
	斜め座り 不完全	膝支点で膝関節の屈伸	手が体の支持から開放される	自分の手で動かせる玩具				
	四つ這いからのお座り（足を前にして座る）	爪先に体重を掛ける立位		支えの手・使う手が決まってくる（両手を使う玩具）			愛着関係が出来る 自己と他人・ものを知る（3項関係） 指差しが始まる	人みしり
（～8ヶ月頃）								
	＊おんぶ抱っこ ぜんぜがのんの・でんでんまわり⑦ ＊膝乗せ上下 馬はとしとし ＊這い這い かなへびこ⑦ どんどんばし④ ③の年中 （道具）		＊手遊び あぁひやこひや② ＊顔遊び ココハトウチャン ＊布 チュチュコッコ① ちっちこっこへ⑥		この時期のわらべうた全て （特にトナエ）	いちめどー	＊シフォン ジージーバー にぎり（ぱっちり） ＊いないいない ととけっこー	

（3） ０歳の発達段階にそった「遊ばせ遊び」（第４期）

０歳	全身	歩き	部位	運動認知	言語	自己認知	関係性	社会性
第４期	高這い ４点支持 つかまり立ち （重心前） （膝伸び） ２点支持 重心移行 伝い歩き 徒歩１点 支持 （～12ヶ月頃）	 立位での遊び 爪先重心 爪先正面 ホッピング反応 （足の踏み出し） 箱押し 箱の出入り ハイガードポジ ションから ローガードポジ ション　.	ピンセットつま み 物を出し入れ 左右手・別の動 き 手の平返し 圧力育ち 腕活動広がる ２個の積み重ね	繰り返し落とす 拾う・入れる・ 出す 因果関係が解る 縦の空間知覚が わかる 見て自分で真似 る 目的の手段が解 かる	有意味喃語 名前を聞いて指 差す 記憶 言葉・物・行為 の一致が始まる	鏡の中の自分が わかる	指差し 目の前になくて もあるとわかる 抱っこなどの要 求で手を伸ばす 探究心＝１ヶ月 からの注視や関 わりから生まれ る 隠された物探し 言葉・物・行為 の一致が始まる	ばいばい 繰り返し チョウダイ ドーゾ アリガト
	＊抱っこ揺らし このこどこのこ かごかご	＊掴まり立ち揺 れ 膝乗せ揺れ モグラモックリ ショ かごかご このこどこのこ べごべご①	＊手・足 この豚ちびすけ コノブタチビス ケ ＊頭揺らし デキモンカチカ チ② ＊物かくし カクカクカクレ ンボ	＊物の出し入れ オサラニタマゴ ニ ＊手の上下 ＊オサラニタマ ゴニ こめついたら ＊布振り・布か ぶり チュチュコッコ		＊顔遊び つつきましょう ② べごべご① （指の腹で触る）	＊布だし オサラニタマゴ ニ ＊顔の表情 いまないたから す② キツネンメ⑤秋 冬	

22

（4） 1歳の発達段階にそった「遊ばせ遊び」（第1期）

1歳	全身	歩き	部位	運動認知	言語	自己認知	関係性	社会性
第1期 （〜15ヶ月頃）	くぐる（姿勢変換）よじ登る	横揺れの歩き	2本の指でつまむ	目と手の協応 形の知覚	指差し オウム返しに片言をいう	自我の萌芽（エネルギーを集中して発散）「泣く」1次元形成期	指さし 三項関係 同化作用	大人の模倣 動作の模倣 （機能練習）
	《抱っこ揺れ》 かごかご このこどこのこ（前後・少し強い刺激） このこぁきかんこ②	《全身》 （膝乗せ・横揺れ掴まり立ち揺れ） ダルマサン⑥ デキモンカチカチ② ベンケカンケ②	《模倣遊び》 ＊一部模倣 チョッチョッ② おちょず チョチチョチチョチ かれっこやいて①	《模倣遊び》 ＊一部模倣 チョツチョツ② おちょず チョチチョチチョチ かれっこやいて①	語呂合わせ 全てのわらべうた （部分的模倣唱）	《顔遊び》 ＊くすぐりなし ハナチャン⑤ 秋 メンメンスースー アンコジョージョー	《顔遊び》 ＊くすぐりなし ハナチャン⑤ 秋 （左右両方する） メンメンスースー アンコジョージョー	《模倣遊び》 ＊一部模倣 チョッチョッ② おちょうず チョチチョチチョチ

（5） 1歳の発達段階にそった「遊ばせ遊び」（第2期）

1歳	全身	歩き	部位	運動認知	言語	自己認知	関係性	社会性
第2期	這い上がる				関係性の理解	変更を受け入れにくい		
	しゃがむ	しゃがむ（重心移動）	足裏で体を支える 横に並べる 穴に通す	縦の空間知覚・平衡感覚 横の空間知覚				
	方向転換が自由になる					大人の要求を理解する（やりとり）		
	股覗き				一語文（状況語り） 言葉を状況で理解する）		してはいけないことを大人の言葉と表情で理解する	平行遊び
（～18ヶ月頃）	後ずさりで歩く	後ずさりで歩く		上下の空間知覚 両手の協応				
	《しがみつき・おんぶ》 ぜんぜがのんの② おんまさんのおけいこ②	大人と1対1で 《横揺れ・しゃがむ》 かごかご 《膝のせ》 もみすりおがた（前後） ぎっこばっこひけば（前後） しろきやの（左右・上下） 《膝に挟む》 エッチャラコ（左右）⑦	《頭揺らし》 ダルマサン⑥ デキモンカチカチ② 《顔遊び》 つっつきましょう② イケノハタモーテ ダイドーダイドー① *くすぐりあり ココハトウチャン オオヤマコヤマ ココジッチャ① 《手足遊び》 とうきょうの☆ トウキョウト イッスンボーシ チュチュコッコ ふくすけさん⑦	《布振り》 チュチュコッコ うえからしたから 《模倣遊び》 チョッチョッ② おちょず	語呂合わせ	《手・足遊び》 《顔遊び》 など	《手・足遊び》 《顔遊び》 など くすぐりは，大人との愛着関係ができてからする遊び	

☆『げ・ん・き』№136，2013年3月（エイデル研究所）

（6）　1歳の発達段階にそった「遊ばせ遊び」（第3期）

1歳	全身	歩き	部位	運動認知	言語	自己認知	関係性	社会性
第3期	ボールを持って投げる 歩行安定 階段をのぼる ボールをける しゃがんで遊ぶ その場でとぶ 走るようになる	歩行安定 走るようになる	手首の回転 集める 組み合わす	両手両足の協応	目・耳・口など聞かれると指す 2語文	自我の誕生（相手に気持ちを伝えられる泣き方） だだをこねるが、対の選択場面で気持ちの転換が出来る「イヤイヤ」1次元可逆期 自分のものに対する執着心（自分の物がわかる）	自我の芽生え 友だちと手をつなげる	世話遊びを盛んにする （愛着行動）
（〜24ヶ月頃）							みたて模倣が出来る	みたて模倣が出来る
	《人持ち・揺れる》 一升ま二升ま⑦ ひとさんこ⑦ 《大布で揺らす》 こりゃどこのかごかご③ たけんこ③ 《足ぶらんこ》 タマゲタ② 《足のせ》 アシアシアヒルカッテコ（カッテコ） モグラモックリショ	《膝のせ》1対1 ＊前後揺れ ギッコンバッコン オフネガ ＊前後左右 エッチャラコ⑦ ＊上下 じょうりげんじょ① ＊上下・左右 オスワリヤス ＊でんぐり返し・回転 だいこんいっぽん☆ ＊上下・でんぐり返し たんぽぽ⑤春	《腕・手遊び》 そうめんや⑥ カタドンヒジドン⑥ ネズミネズミドコイキャ⑥ 《手遊び》 ここはてっくびイッスンボーシ 《手つまみ》 ジージーバーきよみずの① 《指》 イッチクタッチクタエモンサンまがんこ② ＊まげる⇒握る オヤユビネムレ ゾーネロ	《模倣遊び》 オサラニタマゴニ シッタラドドッコヤガイン	語呂合わせ	《顔遊び》（左右頬・顎・額・鼻頭・左右耳）メンメンタマグラつっつきましょ②	《テーマ遊びの始まり》 ぎっちょせんべせんべ	《テーマ遊びの始まり》 ぎっちょせんべせんべ

（7）　2歳の発達段階にそった「遊ばせ遊び」（第1期①）

2歳	全身	部位	運動認知	言語	自己認知	関係性	社会性	テーマ遊び
第1期	走る	穴にひもを通す	平衡感覚・空間認知	今，目の前にない物や目の前にない事を表現する	自我の拡大（何でも自分で）	見立て模倣	見立て模倣	
	斜面の上り下り階段の上がり降り（1段ずつ足揃え手を使わず）つま先立ち	箱などに丁度収まるように物をつめる　手首を回して操作　ボタンをはずす	空間距離・重心移動　量の知覚	2語文が話せる（300語）肯定や意志　疑問	第1次反抗期反抗・自己主張・意志の表現（自己に最大・他者に最少）	母からの分離・自立（意志や挑戦しようとする気持ちを表現）	相手の気持ちに共感することができる　大人の模倣＊再現遊び（自分がお母さんになっているという自覚）＊モデルの振る舞い＊行為の模倣（現実で学んだことを表現しようとする）	反復の面白さ　観察と模倣
	片足立ち（1秒）		片足への重心移動	反対語（良い⇔悪い）多語文（ニャンコ　ト　コケコッコー　ト　イマシタ）倒置文（オチュトン　ネルミンナ）従属文（コボシチャッタカラ　モウナイネ）				
	出たり，入ったり，くぐったり	指先でつまむ（ボタンをかける・はめる）	指先の分離					季節を感じる言葉を知る
	その場で両足跳び	靴を履く						
（〜30ケ月頃）	爪先あるき一本線上を歩く横に転がる両足をそろえて前方に向かって跳ぶ	布をたたむ	足底の重心の移動　両側性の協調と方向性	簡単な会話				鼓動で動かす

（8）　2歳の発達段階にそった「遊ばせ遊び」（第1期②）

2歳	全身	部位	運動認知	言語	自己認知	関係性	社会性	テーマ遊び
第1期	《膝乗せの揺れ》 ＊前後 ギッコンバッコン 舟の船頭さん ☆1 もみすりおかた ぎっこばっこ （ひけば） ＊上下 おでんでんぐるま① ＊上下左右 オスワリヤス ばくさん しろきやの 《立って揺れる》 かごかご こりゃどこの 《足のせ》 アシアシアヒルン カッテコカッテコ マツコオドレバ 《歩き》 ケムケム① センシュカンノサン③ モグラモックリショ かえるがなくから① あめあめやんどくれ⑤春夏 タマゲタコマゲタ 《両足跳び》 ナコウカトボウカ なべなべ③④ （回転と共に）	《手遊び》 ＊手足 とうきょうに ☆2 イッスンボーシ まがんこ② トウキョウト ＊手振り オサラニ ＊手の甲つまみ こめついたら いちばちとまった③ ＊足指 この豚ちびすけ ＊腕 ネズミネズドコ イキャミ⑥ そうめんや⑥ カタドンヒジドン⑥ ＊手指 ここはてっくび （全部） オヤユビネムレ（開閉） コゾーネロ（握り） 《顔遊び》 ＊全部 ココハトウチャン オデコサンヲ① ＊左右と左半分 イケノハタモーテ アンコジョージョー ＊くすぐりあり（3歳） オオヤマコヤマ マニマニケムシ① ココジッチャ① こんやのねずみ②	《模倣の手遊び》 チョチチョチチョチ シッタラ 《しぐさ遊び》 ぎっちょ ＊手の返し ドドッコヤガイン かれっこやいて① ダイコンツケ④ コメコメ③ ＊手の開閉・上下 にぎりばっちり③	＊トナエ全般と語呂合わせは全て言語を育む	《手・足遊び》の全て 《顔遊び》の全て	＊この時期にしてあげる，わらべうたは，全て関係性を育むもの	《いないいないばー》 いまないた 大人と子ども ⇒子どもと人形 《布のせ揺らし》 かごかご このこどこのこ こりゃどこの	全身の遊び 揺れや舟こぎ しぐさ遊び 歩きの遊び などを，様々に組み合わせて 《鬼きめ》 ＊手・足を触る オエビスダイコク④ イッチクタッチク いっちくたっちく② ひっとりふったり ＊減っていく せんべせんべ④ うしぬばんそれそれ②
（～30ヶ月頃）								

☆1 『なにしてあそぶ？　わらべうた』（草土文化）目あそび，手あそび，足あそび Part 1　佐藤美代子編著
☆2 『げ・ん・き』 №136，2013年3月（エイデル研究所）

（9）　２歳の発達段階にそった「遊ばせ遊び」（第２期）

２歳	全身	部位	運動認知	言語	自己認知	関係性	社会性	テーマ遊び
第２期	斜面を滑り下りる 斜面を上がる 物をまたいでさけて歩く 階段を交互に足を出して上がる 片足立ち（5秒）	クレヨンを正しく持てる 真似て円を描く 粘土を転がしたりちぎったり，つぶしたりする	平行機能・柔軟性	話言葉の増加 ＊物の性質（美味しい・熱い・きれい・冷たい） ＊多様な対関係の認識（大きい⇔小さい・長い⇔短い） ＊自分の名前・友達や先生の名前 ＊男女の性別 自分の気持ちを表現する 問いと答え（1,000語）	自我の充実 感受性が豊か（自尊心が傷つけられることに反抗） 自分の物へのこだわり 自分を励ます努力 自己制御ができはじめる 欲求を満たすことによって自信を持てる	自分と他者の領域を明確に見分ける 自分と相手の関係の強弱	相手の気持ちの変化に気づく 自ら選び決定して行動できる 自分だけでなく相手も大切 自分に共感してくれる人との体験を望む	仲の良い子と一緒に 繰り返しの楽しさ 鼓動でのしぐさ 鼓動での歩き
（～36ヶ月迄）	《膝乗せの揺れ》 ＊前後オフネガ ＊上下 オカゴギチギチ① どんぶかっか 《全身を揺らす》 うでうでごんぼ☆ ダルマサン⑥ このこどこのこ たけんこ せっくんぼ 《歩き》 エエズゴーゴー③④ どうどうめぐり④ つんなんごう② 《両足跳び》⇒	《手遊び》 ＊手の甲つまみ いたちごっこ② つめこなんじょ ＊腕・問答 ニュウーメンソーメン⑦ ２階へあがらしてや 《顔遊び》 トノサマオチャクザ コウノケサマハ① 《頭あり》 デキモンカチカチ② ベンケカンケ② ＊足の上下 オヒサンおヒサン カクカクカクレンボ	《模倣の手遊び》 三段の重箱 かんてきわって② ＊正中線越え オッタコオッタコ こっちのたんぼ 《腕振り》 カクカクカクレンボ① あぁひやこひや② なべなべ（2人組）③ キッコバッコ② 《腕の突き伸ばし》 ドッチンカッチン③④ 《布》 テンキニナレ①	＊トナエ 語呂合わせ ミニ文学 は全て，言語を育む 体育・集団遊び☆	身体の部分を知る 《手遊び》 《顔遊び》 身体の組み立てをする 《しぐさ遊び》	＊この時期にしてあげる，わらべうたは，全て関係性を育むもの	大人と子ども ⇒子どもと人形 ⇒子ども同士 かごかご このこどこのこ りゃどこの たけんこが 大人と2～3人の子ども つめこなんじょ② いたちごっこ② オスワリヤス①（膝乗せの横揺れ）	季節の行事 《しぐさ遊び》 オテントサン③ ドッチンカッチン③④ ＊布をつかって タマゲタコマゲタ チュチュコッコ ももや① うえからしたから おおなみこなみ⑥

☆『いきいき幼児体育シリーズ』NPO 名古屋コダーイセンター中島澄枝著

28

第2章
「美的遊び」を目指して

① 「美的遊び」とは，どんなことでしょう？

　それは「見た目も耳からも匂いも感触も，全てに無駄がない」ということではないでしょうか。無駄がない，ということは，シンプル＝簡素です。

　と同時に，必要な事は，全てあるということです。

　では，わらべうた，乳児に対する「遊ばせ遊び」の，美的とは？　必要なことの全てとは？

　≪命≫です。子どもが，自らの命を守るすべ（力・技術）です。

　それはまず，五感をしっかり開くこと。人に与えられている全ての感覚，

《見る・聞く・味わう・匂う・触る》

を通して，命の安全と安心な状態を，体験することです。

　命の安全と安心な状態を，繰り返し体験した子どもは，安全や安心を脅かすものに対して，違和感を感じる力をもちます。同時に危機的な状態を安全・安心な状態に戻す力をつけていくのです。その戻す力こそ，乳幼児の「わらべうた」によって養われるのです。

　≪命≫の安全・安心を知っている子どもは，それを守る力ももてます。その力をもっていると，リスクを恐れず，好奇心をもち，問題に向かっていく力をもちます。

　結果的に成功であればもちろん，たとえ失敗であっても，そこから学ぶ力をもち，学ぶ喜びを知ります。そうやって文化は受け継がれ，次の世代へと，伝わってきたのです。こうやって，人類は何世代も続いてきたのです。私たちも受け継ぎ育ってきたのです。

　同じように，私たちも，美的なものを子どもたちに伝えていきたいものです。

【遊ばせ遊びの原則】

☆子どもを大人のところに呼び寄せない。こどもが寄ってきた時，または，子どもの所に，大人が寄っていって始める

☆する大人も，される子どもも，共に脱力した状態で，ゆっくり，ゆったりと

☆遊ばせ遊びは，常に１対１でする

☆基本的に，同じ遊びを３回はする

　１回目　「なんだろう」

　２回目　「こんな遊びなんだ」

　３回目　「次はこうなるよ」

☆同じ遊びを，繰り返し繰り返しすることが，子どもにとっての喜び，面白さ。手をかえ品をかえ，と様々な遊びをするのは良くない

☆今している子に「大事だよ」「大切な存在だよ」と心と思いを込めて，遊ぶ

☆遊んでいる時に寄ってきた子には，「待っててね」と声をかける

　・今遊んでいる子に集中して，最低３回（左右なら各３回ずつ）は遊ぶ。その子が満足したら，かわる

☆満足したかどうかは，子どもが決めること。同じ遊びを要求する子には，何度でも応える

❷ 「わらべうた」を子どもにする前に, 大人同士で実践しましょう！

《共に学び合う豊かさを》

　子どもの立場になって, 人からしてもらった時に, 初めてその心地良さや, 居心地の悪さを知ることができます。

　大人役になって実践し, どうやったら自分自身が心地良くしやすいか, を試してみましょう。子ども役になって, どうしてもらった時が心地良かったか, どうされた時に違和感があったかなどを伝えましょう。両方の実践から, 共に考えて, より良い形を探しましょう。

　子どもたちと「わらべうた」を遊んでいて学んだことの一つに, 子どもたち同士の学びの大きさがあります。子どもたちは一人ずつ, 個性が違います。そのいろんな子どもたちが互いに影響しあって, 豊かに人格が拡がっていくのを, 幾度も体験しました。大人ならば言葉で教えたりすることが, 子ども同士の遊びの中では自然に身についていくのです。

　０歳児さえ, 初めて会った子を隣同士に寝かした時, 互いに見合い, 声を発して会話を始めました。寝返りをうてる子と, 一緒の場にいただけで, 次の日に寝返りをうった, という話もありました。子ども同士の「わらべうた」になると, もっともっと, 子どもたちの力の相乗作用は大きなものがあり, 時には大人は, 邪魔にさえなります。

　大人も同じではないでしょうか？何人かで「わらべうた」をしますと, それぞれ違いが見えてきます。そこから「何故？」と始まり, 「どっちが子どもに良いかしら」となっていきました。

　そんな中から, 子どもの身体の発育や情緒のことなどの学びが始まり, 少しずつ, 「わらべうた」が　なぜ良いのかがわかってきました。

　是非皆さんも, ２人でも３人でも集まって, 共に「わらべうた」を遊び,

楽しんでください。その中から，子どもたちにより良い遊び方が見えてくる
と思います。してあげる大人が楽しんでいてこそ，子どもたちは楽しく喜べ
ますよね！

（1） グループ実践の仕方

① 前提

A　どんな時も，歌またはトナエと共に，動作をしましょう。両方が一体
　　になったものが，「わらべうた」ですから。

B　一つの遊びを，最低3回は続けてしましょう。

　　1回目「何？」（過去）⇒経験

　　2回目「ふーん，こうなんだ」（現在）⇒体感

　　3回目「次はこうかな？」（未来）⇒予想

C　身体の片方（右側）をしたら，必ずもう片方（左側）もしましょう。

　　なぜ？　人の身体は，シンメトリーにできているからです。

② 大人役と子ども役

A　大人役

自分の手や身体を，どう使うと，自然でスムーズな動きになるか，を考
えましょう。その為には，身体の構造，骨や筋肉のつき方を，大まかに
知りましょう。

「命を守る」という動物的な機能として，人の身体は内側に丸まるよう
にできています。（胎児が，母親のお腹の中にいる時の姿や，飛行機な
どでの緊急時の体勢）

ですから，手の動きも，内側にいくのはスムーズですが，外側に開く動
きは緊張感やぎこちなさを伴います。

B　子ども役

1）「わらべうた」を覚えることは，目的が違います。別の機会に覚え
　　ましょう。してもらう時には，一緒に歌ったり真似したりせず，子ど

もとなって0の状態でしてもらいましょう。

2）してもらう子どもの年齢・月齢の，身体の機能・言語力・情緒の状態を思い浮かべてしてもらいましょう。（具体的に，○○ちゃんと思い出せる身近な子どもがいると良いですね）

3）自分の肌・耳・目など，五感を使って，快と不快とを感じましょう。その快・不快を，してくれた大人役に伝えましょう。どんな風に快か不快か，できるだけ具体的な感覚や，様々な感情の言葉で，伝えましょう。

③　改善策を，考える

1）快の報告は，共有しましょう。

2）不快の報告は，何故そう感じるのか，何が原因か考え，違う方法を皆で出し合いましょう。出た改善策は，皆で実践してみましょう。一致して，快にかわったら，それを共有しましょう。一致しない時は，良く聴き合い，人による違いなのか，間違いなのか，考えましょう。（この時，身体の構造をわすれないように）

（2）　まず，自分自身の身体を感じ，人間の身体を知りましょう

①　全身を感じる　「なべぁおおきぐなれ」

なべぁ大きぐなれ

歌いながら，身体の全ての部分をできるだけ大きく大きく広げましょう。

すりばちゃ小ちゃぐなれ

歌いながら，身体全体を小さく小さく丸めていきましょう。

A　ゆったりとした速さで，最低30回は続けてみましょう。

B　2組に分かれて，お互いを見てもらいましょう。

・充分伸びて開いているか（指先まで）？全ての身体の部分が閉じて小さくなっているか？

C　身体全体が，縮むと丸くなりますね。それは何故でしょう？

・ロボットは小さくなっても丸くはなりませんよね。丸くなる必要もないのです。何故でしょう？話し合いましょう。

D　話し合ったこと（身体の仕組み・五感・感情）を，意識して，もう一度30回以上続けましょう。

E　何回も繰り返した後は，身体の感じはどうかわりましたか？言葉にして，みんなで**共有**しましょう。

② 身体について，どんなことが，解りましたか？（ポイント）

A　同じ動きを，何回も何回もくりかえす，その心地良さを体験できましたか？

B　子どもの前でモデルとなる教師にとって，自分の身体を自分で感じる力は大切な第1歩です。

相手をキチンと観察することは，教師に必要な力の第2歩です。

C　ロボットにないもの，それは≪命≫です。

・命にとって大切な内臓や脳を守るように，丸くなるように身体の形が

できています。

・丸くなるように身体を組み立てているものは何でしょう？

・骨格・筋肉の仕組み，それを動かす血液・呼吸・リンパ腺の流れはどうなっているでしょう。互いの知っている限り，出し合いましょう。

・細かい組織の図は，お互いに探してきましょう。宿題です。

・「？」を心にもっていることは，素敵で大事なことです。

D　きっと，初めての時と，全然違う感覚で，遊べるでしょう。

E　1回目と動きがどう変わってきましたか？身体全体の感じはどう変化しましたか？

（3）　人間の身体の仕組みを知りましょう

・人体図を，図鑑などで探してきて，お互いにみましょう。

・参考：相磯貞和訳『ネッター解剖学アトラス原書第6版（Atlas of Human Anatomy）』南江堂出版

①細かい事も良いですが，全体を見て，そこにある規則性を見付けましょう。

②A　全身骨格と筋肉の絵をみてみましょう。どんな仕組みでしょうか？

　B　骨格の絵を見ながら，自身の身体を外から触って，実感しましょう。（関節・二本組）

　C　筋肉の絵をみながら，自身の身体を動かし，筋肉の動きを感じましょう。（骨をつなぐ）

③A　血液が，心臓からどんな風に流れて行き，どんな風に戻ってくるのか，リンパ腺はどう流れているのか，をみてみましょう。

　B　血液の流れやリンパ腺の流れにそって，手でさすったり，目で見たりしてみましょう。

　C　身体の末端に向かってと，中心に向かっての両方をさすって比べてみましょう。

　D　自分で身体をさするのと，お互いがさするのとを比べてみましょう。

（4） 子どもの，発達曲線をみてみましょう

①子どもの運動機能の発達も（中心から末端へ）知りましょう。

②乳児の時期に何の発達が著しいのか，臨界期を知り，今必要なことを知りましょう。

③その発達を充分に保障し，手助けするのが私たちの役目です。発達段階に合った遊びを提供できるように，準備しましょう。

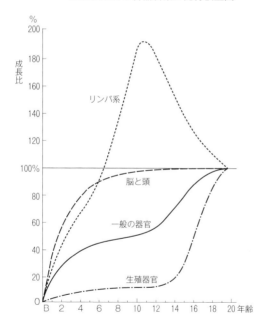

Scammon の各器官系の発育模型図

········ リンパ系：胸腺，リンパ節

----- 脳神経系：脳，脊髄，視覚器，頭径

——— 身長，体重，外形計測値（頭径を除く），呼吸器，消化器，筋骨格，血液量

-·-·- 生殖系：睾丸，卵巣，子宮，精嚢

（『乳児の体の育ちとあそび』コダーイ芸術教育研究所著，明治図書）より

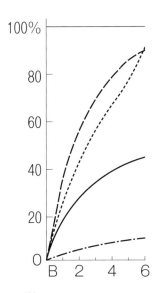

-------- リンパ系：胸腺，リンパ節

-------- 脳神経系：脳，脊髄，視覚器，頭径

———— 身長，体重，外形計測値（頭径を除く），呼吸器，消化器，筋骨格，血液量

-·-·-· 生殖系：睾丸，卵巣，子宮，精嚢

イラスト＆解説でよくわかる！
第3章「遊ばせ遊び」

(A) イラストと手順を見ながら実践し，違いを体感しましょう！
(B) その遊びのポイントを知り，実践しましょう。

【実践の仕方と目的】

【実践の仕方と目的（グループ学習の手引き）】

＊実践会のリーダーの役割
☆わらべうたは，特に言葉が大切です。リズムをしっかり確認しましょう。
☆拍を叩きながら音を付けずにリズム唱をします。
　拍が，半分（ ｜ 　 ｜ が 　┌┐ ）になったり，倍（ ┌┐ 　 が ｜ 　 ｜ ）になることがよくあります。必ず，拍叩きをしながらリズム歌唱をしましょう。
☆リズムに慣れた後，ソルミゼーション（ドレミ唱）で歌います。
☆流れを覚えてから，言葉を乗せましょう。
☆しぐさを確認し，しぐさに相応しいテンポで，歌としぐさを身につけましょう。
＊実践会の参加者の役割
☆心と身体を開き，子どもに戻って，丸ごとの「わらべうた」を楽しみましょう。その楽しさと，ワクワク感を子どもたちに伝えられるように。
☆様々なやり方を，大人役と子ども役に分かれて，体験しましょう。
☆子ども役でしてもらった体験を出し合って，心地良い自然な遊びをみつけましょう。
☆しっかり遊んだ後は，本を開き，リズムや音を確認して，復習をしておきましょう。
＊参加者全員の目的
☆声を出して，数多く歌い遊ぶことで，自分自身の美しいわらべうたを身につけましょう。
☆子どもにとって，生きていく力となる「わらべうた」を手渡しましょう。

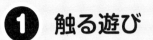 

① 触る遊び

《自己認知の始まり》（知覚神経）

　身体の自己認知。赤ちゃんが生まれて自分自身を知るのは，自分の身体を触られることによってです。声かけも大切ですが，声をかけられて知るのは，相手の存在です。でも，相手の存在をきちんと知るのは，自分が認識された時です。

　自分の存在を体感することが，全ての始まりです。

（1）　全身　「コーブロ」　

両手・両足・背中・胸・お腹・頭など

```
　　↓　　　　　↓　　　　　↓　　　　　↓
コーブロ，　　コーブロ，　ドノコガ　　カーイー？
（子をもらおう）　　　　　　　　　　（かわいい）
```

```
　　↓　　　　　↓
コノコガ　　　カーイー．
```

> ↓ ＝鼓動・1拍
> 　動き一つをあらわす

A　実践1

①　まず大人同士で，お互いにしてみましょう。心地良くなるように！

　＊後ろに座って，背中を首の付け根から腰まで，触る時，どちらが気持ち良いでしょうか？

ア
柔らかく，軽く

イ
掌を使って，しっかりと

② 大人が子どもの背中を，円を描くように摩ります。どちらが気持ち良い
でしょうか？

ア　片手で柔らかく
イ　掌を使って，しっかりと

B　ポイント1

① 背中を両手で摩る時，掌と揃えた5本指は一枚のちょっと固めのスポン
ジのように，体にすいつくようにあてましょう。しっかりと，しかし堅く
はなく，そして，座りこむのでなく膝立ちして，首の付け根から腰まで，
自分の体を預けるように掌をすべらしましょう。さすってあげる人も，心
地良い状態になるようにです。

お互いの体温を感じられる速さで，ゆったりと！

② 同じように，しっかりと，しかし堅くなく。体温を感じながら大きくゆ
っくりまわします。

A　実践2

③ 赤ちゃんや子どもに，どうすると心地良いか，してみましょう。

＊寝ている・座っている時，大人は正面から両腕を摩ります。どれが気持ち
　良いですか？

　　ア　掌で　　　　　　　　イ　指で　　　　　　ウ　掌と指とで包んで

　＊手は，どこから　動かしていますか？

B　ポイント2

③　子ども自身の身体が，暖かく，柔らかく，曲線でできていることを，感
　じられるように，触ります。それには，指先などでさらりと触るのでなく，
　掌（たなごころ＝手の平）と指全部でしっかり触ります。こちらの体温の
　温もりが感じられるように触られることで，自分自身も温かい存在である
　事を感じられるのです。

　＊手や足をさする時は，その丸さを感じるように，掌と揃えた指とで包み
　　込むようにしましょう。掌＝たなごころはとても大切です。触る方も，
　　触られる方も，お互いの温もりが，最も伝わりやすい部分です。

　＊肩から指先までの手全体を一つの腕と感じて，肩から動かします。

　＊「あなたはかわいい」「あなたの命は尊い」という思いを，愛情込めて
　　歌い，触りましょう。つまり，大人も脱力してすわり，お互いの体温を

感じる速さで，ゆったりとした心と動きと，柔らかい声とで，目をみて微笑みと共に触りましょう。

している大人自身が癒されるような動きと声とで！

（2） 手・足遊び

様々な触り方（叩く・さする・1本又は2本指で触る・くすぐる・つねる等）が感じられるように。それが，手・足遊びの面白さであり，成長を促す要素です。

① 「トウキョウト」 をしてみましょう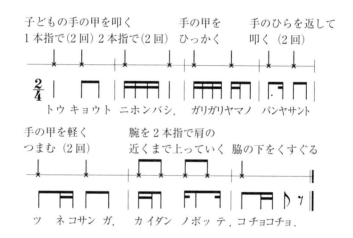

本に書いてある元の遊びは，初めが「手の甲を叩く，手の甲をひっかく」と始まります。しかし，私たちは異なる遊びかたをしています。

一昔前，昭和の子どもたちは，悪いことをした時「この手が悪い」と手の甲を，大人に《しっぺ》をされました。確かに痛かったのです。元の遊びは，そんなことを思い出させる遊びです。ひょっとしたら，それを遊びにしてやんわりと叱ったのかもしれません。

44

ただ私たちは，いたずらをして，しっぺをされるような少年よりも，もっと小さい子どもたちにこの遊びをします。それは子どもに安心や安全や愛情を伝えるためです。また成長を促す助けとしています。その点から，≪しっぺ≫は相応しくないと思い使いません。それよりも，１本と２本の違い，ガリガリとパンの違い，を感じる遊びの仕方をとりました。

トウキョウト	手の平（掌）に１本指で２回，手首側から指がわに線をひく
ニホンバシ	手の平（掌）に２本指で２回，手首側から指がわに線をひく
ガリガリヤマノ	手の平（掌）に手指５本を動かしてガリガリする
パンヤサント	手の平（掌）をパンと叩く（痛くはしない）
ツネコサンガ	手の甲を２回つねる。痛くない指の付け根の部分
カイダンノボッテ	２本指で歩くように肩まで上がっていく（リズム自由に）
コチョコチョ	脇の下をくすぐる

　手の構造を解剖図によって，確認しますと，手の甲側と手の平（掌）側とは随分構造がちがいます。手の甲側は動脈や静脈，神経，腱などが皮膚に近い浅い部分に密集しています。様々な触り方をしますと刺激が強く，快感よりも不快感の方を強く感じます。一方，手の平側は，親指の付け根や小指の付け根は筋肉が表面近くにあり，その間の部分には様々な細かい手の動きのための器官がありますが，表面は手掌腱膜と呼ばれる微細な繊維束が覆っていて真皮と結合しています。このような，手の構造からも，手の甲よりも手の平の方が，違いがよく感じられ，また心地良く感じられるのだと思われます。（参照：『ネッター解剖学アトラス原書第６版』p.446，p.455）

A 実践1

＊手遊びの時，どう座っていますか

ア	イ	ウ
子どもをだっこして座って	子どもの正面に座って	子どもの横に座って

A 実践2

＊子どもの手は何処にあるのが，触感の違いをよく感じられるでしょう？

ア　2人の間	イ　大人の膝の上	ウ　子どもの膝の上

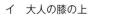

A 実践3

＊子どもの手を，どう持ちますか？どうちがいますか？

ア	イ
動かないように手首をしっかりもつ	大人の手の平の上に子どもの手をのせる

B ポイント

実践1：イ 最後に「カイダンノボッテ」があるので，正面に座るのが一番遊びやすい体勢です。

実践2：ウ お互いの手の位置はとても大切です。身体や手の脱力の状態が変わります。脱力できていると，触る方も自然な動きになり，触られる方も感じやすくなります。ただ，自然に座ると，大人の視線が高くなります。視線を合わせるにも，威圧感を与えない為にも，ちょっと腰をおとしたリラックスした低い座り方をしましょう。

実践3：イ 手首をもつのは，拘束されている感じがします。信頼関係があれば，脱力した手を子どもの膝に差し出せば，子どもは自然に手を出してくるでしょう。その手を，握るのでなく，のっける形で受け止めましょう。

＊子どもの前に座る

　⇒子どもの膝の上に，手の平を上にしてそっとのせ，子どもが手を差し出すのを待つ

　⇒子どもが手をのせなかったら「またね？」などと，子どもの気持ちを受け止め離れる

　⇒子どもが手をのせたら，そのまま始める。手首を握ってもつことはしない（拘束の形）

　⇒一つずつの動作をはっきりと意識して，拍ごとに触る

　⇒終りは自然に子どもと目を合わせ，互いに喜び・楽しさを共有し，遊びを繰り返す

　⇒コチョコチョは，様々なバリエーションがある。その子の思いに合わせたり，その子の予想をはぐらかしたりと，お互いに楽しむ

---

② 「まがんこ」をしてみましょう

まがんこ, まがんこ, まがんこ が, なっちょる きゃ.

　指１本ずつの意識化ができる遊び。指が１本ずつ意識できる時期にすると良い。

　あまり早い時期では，１本ずつの感覚がよくわからない。

A　実践1

＊指にどんな風に触れていくのが，指を心地良く感じることができるしょう？

ア
指先をしっかり掴む

イ
指の上下を挟んで付け根から
指先まで滑らせる

ウ
指の左右をはさんで付け根から
指先まで滑らせる

エ
指全体を握って付け根から
指先まで滑らせる

B ポイント1

　ア，イ，ウ，エどの触り方も，指全体を感じるのに良いでしょう。

　但し，一度に様々な触り方はしません。一つの触り方を繰り返しすることで，子どもの中でその遊びの像が出来上がります。その像をなぞる様に，繰り返し遊ぶことが，わらべうた遊びの大きな喜びです。

　それを堪能した後に，異なる触り方で指を触る時，その意外性と，言葉の持つ多様性を感じることができます。子どもによっては，異なる触り方を拒否することもあるでしょう。その時は無理に新しい遊び方をしません。

　大人同士でしていても「どの触り方が一番心地良いか」の意見は様々でした。

　皮膚知覚帯の図では，まず左右の手は背骨からシンメトリーに，5本の知覚神経が支配しています。その内の3本の知覚神経が，手掌を支配しています。しかもその分布は，甲側と掌側，指の根元と先，左右半分等，3本の神経が複雑に組み合わさってそれぞれの指を支配しています。一方運動神経の方も，各指の骨それぞれと筋肉をつなぐ腱は互いが複雑につながっています。この複雑さが人の手指の細かい動きを可能にしているのでしょう。それを知ったうえで，様々な形で，いっぱい触れてあげることで，知覚神経を呼び覚ましましょう。また様々に動かしてあげ，色々な道具や玩具での遊びを通して，運動神経を目覚めさせ，筋肉を使う楽しさを伝えましょう。

（参照：『ネッター解剖学アトラス原書第6版』p.459，p.162）

③ 「ふくすけさん」をしてみましょう 🫱実践

ふ　く　す　け　さん　　えん　どう　ま　め　が　こ　げる

よ　　は　やく　いっ　て　かん　まし　な

A 実践1

*足指を触っていくあいだ，もう片方の手は，どうしていますか？

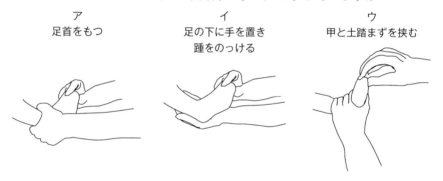

ア
足首をもつ

イ
足の下に手を置き
踵をのっける

ウ
甲と土踏まずを挟む

B ポイント1

*足の指は，手の指と違って短いので，指先をしっかりと握るだけで，充分
でしょう。

*手指のように，全部触るのは，大きくなってからでしょう。
　子どもが，座っている時に，できるだけリラックスできる姿勢をとって，
足を触ります。

*足は，手に比べて，感覚は鋭くありません。指一本ずつを意識できるよう
に，他の部分の刺激をできるだけ少なくします。足首や足の裏を握るので
なく，手掌の上にそっとのっけましょう。
　足も手と同じようにシンメトリーで知覚神経が支配しています。足の甲と

足の裏も，やはり３つの神経に支配されています。足前面と甲・指・足の裏の広くを支配するものと，小指の支配，親指の外側半分の支配となっています。ただ手指のように，付け根と先が分かれた支配はありません。
（参照：『ネッター解剖学アトラス原書第６版』p.162）

④ 「いちり」 をしてみましょう 実践

いちり	両足の指を掴む
にり	足首を掴む
さんり	ひざを掴む
しり，しり，しり	両側でお尻をくすぐる

A 実践１

＊足の認知，特に関節の働きを感じる遊びです。

＊曲げますか？伸ばしますか？

ア　足指，足の甲，膝を曲げ・お尻　　　　イ　足指，足首，膝伸ばし・お尻

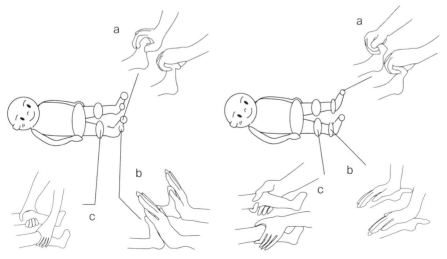

B　ポイント1

＊「一里二里三里四里」の掛けことばです。

＊曲げるも伸ばすも両方可能ですし，両方必要です。

　でも，一度に両方はしません。

＊内側に曲げるのは，自然な動きです。

　外側に曲げるのは，日ごろ内側に曲げる筋肉を，逆に伸ばす動きです。

＊最後のシリシリ以外は，全て動きは一回です。

ア　曲げる動きは，ごく普通の動きです。だからこそ，キチンと付け根から
　曲げて上げましょう。

・足指の付け根から，5本同時にきちんと内側に曲げます。

・足指は，這い這いをする時も，立つ時も，歩く時も，大きな役目をはた
　す部位です。しっかりと感じるように，動かすように，静かに丁寧にし
　ましょう。

・足の裏に，掌をあてて，足首からしっかりと曲げましょう。

・膝の関節を握り，ほんの少し軽く膝を上げましょう。逆の動きはありま
　せん。膝の少し下が，サンリのツボだそうです。

・お尻を下から，両手で揺らす。お尻を下からこちょこちょする。
　どちらもありです。
　どの月齢やどの年齢の子に，どちらが相応しいですか？
　どんなに揺らしても，上半身がゆらゆらと動くような，体幹を揺らす遊
　びではありません。揺らしすぎないようにしましょう。

イ　曲げる筋肉を，逆に伸ばす動きです。でもまだ柔らかい筋肉です。
　丁寧にやさしく，いつもと違う動きをちょっと感じる程度にしましょう。

・足の付け根から，5本同時にきちんと外側に伸ばします。

・足の甲に掌を置いて，じんわりと足裏の方に伸ばします。

・膝はちょっと上からちょっと下まで，足をくるむように軽く握り滑らせ
　ましょう。

＊どんな風に触ると，良いでしょう？

ア　握って振る　　　　　　　イ　しっかり握る　　　　ウ　関節を掴んで少し動かす

ア　足を持ち上げて，振り回したり，揺すったりはしないようにしましょう。
　　関節は，浅いお皿に，ポコンとはまっている状態です。まだ出来上がって
　　いない乳児の足を振り回したりすると，関節が外れる可能性がありますし，
　　そのような脱臼は，習慣的に繰り返すようになります。
イ　足の関節の認知です。足の甲と足の裏を握るのは，足の仕組みや動きを
　　知るより，動かないように囚われる感覚のみ，残ります。
ウ　軽く関節（足指の付け根・足首・膝）を握り，動かすことで，歩く走る
　　のに大切な足の関節を感じることが出来ます。
＊いつも，子どもの目をみながら，遊びましょう。ゆっくりと小さな動きで，
　　子どもは充分満足します。驚かせたり，衝撃を与える遊びではありません。
　　大人が自己満足で，大袈裟に動かしたりしないようにします。

（3）　顔遊び

　　顔は，最も敏感な所です。それは，即，命に関わるからです。大人の私た
ちも，ボールなどが飛んできた時，先ず顔から背けますよね。そのようなと
ころを触るのですから，攻撃ではないことを感じられるように手を握るとか，
身体のどこかを触り，子どもが受け入れる準備ができてから，顔を触る習慣
をつけましょう。急に顔に触られるのに慣れてしまうと，危険を察知する本
能を鈍らせる訓練をするようなものです。
　　顔遊びは，何ヶ月，または何歳頃から始めますか？それは何故ですか？

① 「ココハトウチャン」をしてみましょう　👉**実践**

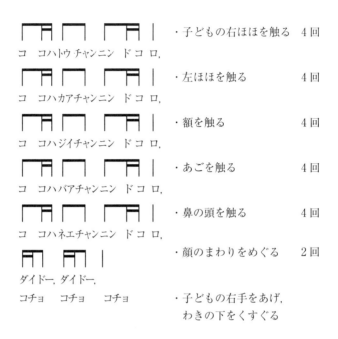

コ　コハトウ チャンニン　ド コ ロ,　　　　・子どもの右ほほを触る　4回

コ　コハカア チャンニン　ド コ ロ,　　　　・左ほほを触る　　　　　4回

コ　コハジイ チャンニン　ド コ ロ,　　　　・額を触る　　　　　　　4回

コ　コハバア チャンニン　ド コ ロ,　　　　・あごを触る　　　　　　4回

コ　コハネエ チャンニン　ド コ ロ,　　　　・鼻の頭を触る　　　　　4回

ダイドー, ダイドー,　　　　　　　　　　　・顔のまわりをめぐる　　2回

コチョ　コチョ　コチョ　　　　　　　　　　・子どもの右手をあげ,
　　　　　　　　　　　　　　　　　　　　　　わきの下をくすぐる

A　実践1

＊顔に触れる指は, 指のどの部分で触るのが, 心地良く愛情を感じられるでしょう?

　　　ア　　　　　　　　　　　イ　　　　　　　　　　　ウ
指先でしっかり触る　　手を開き指先の腹で触る　　手を軽く握り
　　　　　　　　　　　　　　　　　　　　　　　　人差し指の腹で触る

A　実践2

＊顔に触れる時，どう始めますか？子どもが安心して，愛情を感じられるのは？

| ア　だっこして | イ　正面に座って | ウ　横に座って |

A　実践3

＊子どもに対してどんな高さから，顔遊びをしますか？どう違いますか？

| ア | イ | ウ |
| 子どもより高い目線で | 子どもと同じ目線で | 子どもの目線より下から |

 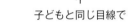  

B　ポイント1

実践1：ウ　手は軽く握って，人差し指の腹で柔らかく触りましょう。温もりが感じられるように。

実践2・3：

・子どもが膝に乗ってきた時には，横向きに座らせて，片手でしっかり背中を包むように支えて目をみてから，始めましょう。（2―ア）

・子どもの座っている所に寄っていく時は，真正面に低めに座り，膝や腕

などを軽く触りつつ始めることを目で伝えましょう。真正面に座ることで，腕の動きが滑らかになります。低めに身体を落とすことで自然に指の腹で顔を触るようになります。（2―イ）（3―ウ）

＊顔遊びをするのは，１歳以降が良いと思われます。生まれた時には，母乳を飲む本能がありますから，顔を触られると，乳房と勘違いします。また，そうでないものが触れることに，恐怖心があります。ですから，母乳を卒業する時期以降が，顔遊びの時期です。

＊あせらずに，ゆったりと顔遊びは始めましょう。顔遊びには掛け言葉や語呂合わせがあり，その面白さを感じられる頃，言葉に興味を持ち出す頃には一層喜ぶことでしょう。

＊いきなり始めるのでなく，先ず指を出して触ることを予想できるようにしてから，トナエ始めて触りましょう。丁寧に指の腹を一杯使って，どこを触られているのか，感じられるようにゆったりとしましょう。ほっぺたを優しく触り，子どもが「じいちゃん」と聞いて，おじいちゃんの肌の温もりや顔を思い出す瞬間をもてる速さでいいましょう。大人自身も，自分自身のなかでの暖かい気持ちを思い出しながらトナエましょう。

＊この遊びは，とても大事な遊びの一つです。それは，命のつながりを表しているからです。「ニンドコロ」とは「似ているところ」という意味でしょう。つまり「私」という一人の人間は，一人ぼっちの孤独な存在でなく，じいちゃん・ばあちゃん・とうちゃん・かあちゃん，という大きな命の流れの中にあること，多くの人から命のバトンを受け継いで，今ここにある，ということを，感覚的に実感をもって受け止めることのできる遊びです。自分の中にある，良いところも悪いところも，自己責任でなく，「じいちゃんに似てるのよね」のひと言で笑い合えるおおらかさを，秘めています。大きくなって，「命は大切です」などと言葉で教えるよりも，何十倍もの命の大切さと素晴らしさと不思議さを伝えることのできる遊びだと思います。

　ですから，こうやって長い間，遊び継がれてきたのでしょう。

② 「オオヤマ，コヤマ」をしてみましょう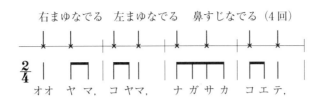

右まゆなでる　左まゆなでる　鼻すじなでる（4回）

$\frac{2}{4}$

オオ　ヤマ，　コヤマ，　　ナガサカ　コエテ，

口びる上つつく 口びる下つつく くすぐる（右脇）くすぐる（左脇）

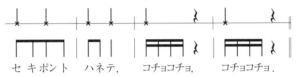

セ キポント　ハネテ，　　コチョコチョ，　　コチョコチョ．

A　実践1

＊眉や目，耳，左右両方を触る時は，どちらからすると目がチラチラとしませんか？

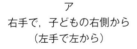

　　　　　ア　　　　　　　　　　　　　　　イ
　右手で，子どもの右側から　　　　右手で，子どもの左側から
　　（左手で左から）　　　　　　　　（左手で右から）

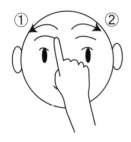
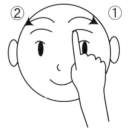

B　ポイント1

＊顔遊びで，気をつけることは，子どもにとって大人の手は，大きくとても目障りだということです。目に見えることは，五感のなかで一番わかりやすく刺激的です。

顔遊びは，触感の遊びです。触れられた感触を，子どもがしっかり感じるには，視覚的な動きをできるだけ少なくしましょう。

できるだけ，子どもの目線の前を手が移動しない動きを見つけましょう。色々な動きを試してみると，比較できてよくわかります。

＊基本的に，子どもの目線より大人の目線と体勢を下にもってくると，手は自然に指の腹で触るようになり，手の移動も目の前を一字型の直線的に動くのでなく，U字型の柔らかく目の邪魔にならない動きになります。

③ 「オデコサンヲ」 をしてみましょう 実践

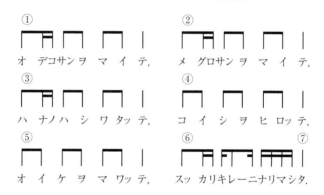

① オ デコサンヲ マ イ テ，
② メ グロサンヲ マ イ テ，
③ ハ ナノハ シ ワタッテ，
④ コ イ シ ヲ ヒ ロッテ，
⑤ オ イ ケ ヲ マ ワッテ，
⑥⑦ スッ カリキレーニナリマシタ．

①ひたいの
うえをなでる
4回

②めのまわり
をなでる
2回　2回

③はなの上を
なでる
4回

④はなのあなを
つかむ
左2回
右2回

⑤くちのまわり
をなでる
4回

⑥かおのまわり
をなでる
1回

⑦頭を軽く叩く

A 実践1

＊どちらの方が，心地良く感じますか？

ア
人差し指一本でしてみましょう

イ
4本指を軽く揃えてしてみましょう

A 実践2

＊どんな風にまわすのが，スムーズですか？

ア
右手で時計まわり
（左手で逆時計まわり）

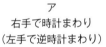

イ
右手で逆時計まわり
（左手で時計まわり）

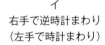
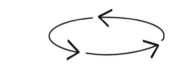

A 実践3

＊「スッカリキレーニナリマシタ」 は，どう摩られるのが気持ち良いですか？

ア
顎から額に上がり顎に一周

イ
額から顎に降りて額に一周

ウ
額から右頬から顎，
額から左頬から顎に降りる

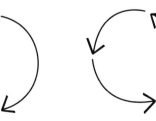
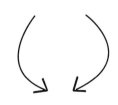

B　ポイント

＊顔遊びは，早い時期にはしないのが原則ですが，この遊びだけは，例外です。赤ちゃんの沐浴の時，このトナエをいいながら指にガーゼをまいて顔を洗ってあげた経験がある方が結構います。私自身もそうした経験者の一人です（勿論，純粋に遊びとしてするのは，年齢が進んでからです）。

実践１：沐浴の時もそうですが，遊びでする時も，１本指でするよりも，３〜４本指を柔らかく揃えてする方が動きもスムーズですし，してもらう方も心地良いようです。

実践２：一筆書きのように流れにのって，２回ずつしていくと，一番気持ち良いようです。（右図）

一筆書きの絵

実践３：最後の顔の外回りだけは，上から下に右と左に分けた方が良いようです。解剖図を見ますと，顔の動脈・静脈・神経・リンパ腺など全てが，両耳の近くから顔の真ん中に向かって拡がっています。ただリンパ腺だけは，頭部の方には伸びず下にのみ広がっています。

【顔遊びの原則】

☆早くても１歳の終わり頃から。くすぐりのある遊びは１歳半以降にする

☆顔以外のどこかに，そっと触れてから始める

☆膝に抱いてする時は，安定した座りと，支えをして

☆向かい合ってする時は，正面に，目線が子どもより下にくるように座って，始める

☆顔に向かって，指を立てたり，つついたりしない

☆指の腹で，手の温もりを感じる速さで触る

❷ 見る遊び

《注視》

　音はお腹の中から，聞こえています。目は生まれた時から少しずつ見える
ようになってきます。でも「見える」と「見る」とは違います。意識をもっ
て見る＝注視することで，見る力は開かれ脳につながっていきます。

　少しずつ見えてきているものを，よく見るように。焦点を合わせ，頭の中
に，心の中に，像をつくりだせるように。この世の美しいものを，見ること
ができるように。

　子どもの中にある見る力が，開いていくのを手助けしましょう！

（1）「テンコテンコ」をしてみましょう　実践

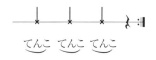

A　実践1

＊手は軽く握り，手首を半回転させて見せながら，トナエます。

抱いて　　　　　　　　　　　　　　寝ている状態で

＊どの位の位置から，見せますか？

　ア　目から10cm位の位置で見せる

　イ　目から20〜30cmの位置で見せる

＊速さが変わると，感じがどう変わりますか？

　ア　ゆっくり　　イ　普通　　ウ　速く

B　ポイント1

＊手はバラバラではなく一つのかたまりとして見え
　るように。でも堅いものでなく，柔らかいものに
　見えるようにします。

＊生まれてまもなくのあかちゃんの視力は，約20〜
　30cmです。追視のできる範囲は約90度で，徐々に
　拡がっていき，360度になっていきます。
　近すぎる注視は，かえって見えにくくします。程
　良い距離感を保って，しましょう。

＊速すぎる動きも，見えにくくします。ゆっくり，というより，ゆったりと
　した動きでしましょう。動きがないとまわりの風景と混ざってしまいます
　ので，ほんの小さな動きで，目をとどめる手助けをします。

（2）「チュチュコッコ」をしてみましょう　🖐実践

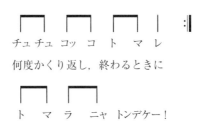

何度かくり返し，終わるときに

A　実践1

*①，②はどのくらいの時期にするのが，ふさわしいでしょうか？

　①シフォンまたは布を寝ている子の目の上で動かし，「トンデケー！」で
　　視野の外に動かす。

　②シフォンまたは布を座っている子の目の前で動かし，「トンデケー！」
　　で上に飛ばす。

*①の時期，②の時期，アとイのどちらの遊び方がふさわしいでしょうか？

ア	イ
シフォンや布を手の中にくるむようにもって， 拍ごとに動かす	シフォンや布を，ラフにもって 拍ごとに動かす

B　ポイント1

　①生まれて，目が見え出したら，アのようにしてあげましょう。
　　　ア　シフォンをほど良く丸めて手の中におさめます。
　②お座りできるようになった時以降は，視野も広まりますから，イのように
　　してあげましょう。
　　　イ　シフォンをラフにもって動かすのは，美しく楽しいものです。しか
　　　　し宙で動くのは，漂うようで不安定です。いつも，布のさきが地面か
　　　　ら地面に移っていくように，動きましょう。

A　実践2

*「チュチュコッコ」の繰り返しは，どんな速さ，どんな動きが①②の各時

期にふさわしいでしょう？

ア
動きの方向がはっきりわかるように

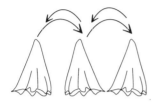

イ
ほんの小さな動き

ウ　元気に速めに，高めの声で軽やかに

エ　ゆっくり静かに小さめの声で言葉をはっきり

B　ポイント2

①イ　ほんの小さな動きで，

エ　ゆっくり静かに小さめの声で，言葉ははっきりと伝えましょう。

②ア　あちこちに跳ぶのでなく，右から左，左から右のように動きの方向が

見えるように。

ウ　元気に速めに高めの声で軽やかに動きましょう。また，適度な速さの

歌に合わせて動くことで，人の歩みや小動物の歩みのようにも，感じら

れます。

A　実践3

＊「トンデケー！」は，どんな速さで，どんな動きで視野の外にいきますか？

ア
高く，直線的に

イ
滑るように，ゆったりと弧を描いて視界の外に

①イ　最後の「トンデケー！」は，急がずゆったりと自然に弧を描くように
　　して，隠しましょう。それから再びゆっくり手を目の上にもってき
　　て歌といっしょに小さく動かし出しましょう。

②ア　最後の「トンデケー！」で大きく上にとばすことで，繰り返しの歌
　　で徐々に高まっていた心が開放されます。
　　その開放感の中から，また新しく始めたくなります。

A　実践4

＊シフォンと布がどう違うかも，比べてみましょう。

B　ポイント4

＊シフォンがあれば，色も動きも手触りも，一番良いように思います。
　ただ，3歳以降で，見せるよりも遊びとしてする時には，布のほうが高く
　とびますし，大きく振ることもできますから，面白いでしょう。

（3）　いないいないばー「ととけっこー」　実践

　「いないいないばー」は子どもの大好きな遊びです。社会性の第一歩でも
あります。よく知っている，自分を大切にしてくれている人だからこそ，一
瞬見えなくなった不安の後に，いつもの笑顔を見つけて嬉しいのです。
　大人も見えた瞬間の楽しさを，いっぱい味わいながらしましょう。

A　実践1

*それぞれの手の形はどっちが見やすいですか？それは何故でしょうか？

ア	イ
手の平を開いて	手の平を閉じて

A　実践2

*それぞれの動きの違いは，どんな風に感じが違いますか？

ア	イ
顔の外にする時手はそのまま	顔の外にする時は，手をひっくり返して

A　実践3

*速さが違う（速い・普通・遅い）と，どう感じが変わりますか？

B　ポイント

実践1：ア　手の指を開くと，指の間から顔が見え，「隠すと見える」の区別がつきにくい。

　　　　イ　指を閉じれば，手と顔がはっきり区別できます。

実践2：アは引き戸，イはドア（観音開き）といった人がいました。どちらも可能ですが，どちらであっても，やはり指は閉じたままの方が，

美しいでしょう。

実践３：速いと，手の動きに気持ちが取られて，顔が見えた喜びが半減します。遅すぎると，手の動きが重くなり，歌も重くなり，顔を見るワクワク感が半減します。

A 実践４

＊「ととけっこー」はほとんど同じメロディー（a）が４回繰り返されています（ａａ'ａａ'）
その楽しさを感じるには，どちらが良いですか？

ア　拍ごとに，手を上下に振る
イ　手は，顔を隠すと見せる動きだけにする

B ポイント４

＊この遊びは，隠れていた顔が見えた時の，喜びが，重要です。
拍ごとに手が動くと，その動きに子どもは気を取られます。
隠れる・見えるの２つの変化がより鮮明に見えるには，それ以外の時はじっと動かない方が良いでしょう。勿論，頭を振るのも，余分な動きです。

A 実践５

＊３つの方法でしてみましょう。どう違いますか？

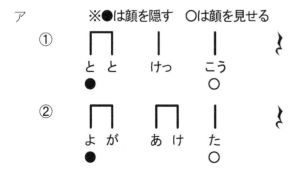

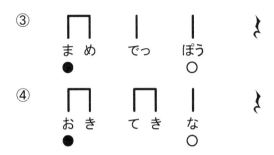

③ まめ でっ ぽう

④ おき てき な

イ ①隠す，②見せる，③隠す，④見せる

ウ ①②③隠し続ける，④見せる。または ④の「な」のところで見せる

＊それぞれの遊び方に合う速さは，「速く・普通・遅く」 のどれですか？

＊それぞれの遊びは，何歳の子どもにふさわしいですか？

B　ポイント5

ア　0歳の寝ている子から。大好きな人の，笑顔が見える喜びの遊びです。観音開きで。注視する手助けとして隠す感じで，ゆったりと歌いながらしましょう。もちろん，見える顔は，いつも笑顔で！

イ　1歳過ぎから。普通の速さで，一段が一塊に聞こえるように。引き戸の方が，顔に注目できるようです。まだ笑顔が良いと思います。

ウ　3歳以上で，顔が出てくることを，予想できて，待つことが楽しい年齢になってきます。速く歌いましょう。でも乱暴にはならないように。大好きな笑顔，顔を見合すワクワク感を高めるのに，「じー」と待つのです。時には，変顔も面白いでしょう。でも，脅かしてはいけません。

❸ 身体を揺らす

《揺らす遊びの目的》（運動神経）

・身体を揺らすことは，重心の移動を感じる遊びです。

・重心の移動をすることで，足の裏全体がしっかりと，地に着いた感触を知り，2本足で立つという人間の原点を，身につけることができます。

・また，揺らすことで体幹（身体の中心線）を感じるようになり，真っ直ぐ立つ身体を作ります。

　これら全ては，2足で歩くための基本，準備のための遊びです。

（1）　横揺れ1　「ダルマサン」　をしてみましょう　👉実践

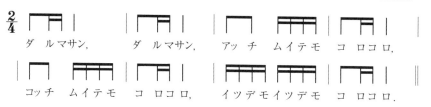

A 実践1

＊子どもをどう支えますか？今，何ヶ月ですか？今，何歳ですか？

ア	イ
両肘をつき，寝た子のお尻を 両手で支えて静かに揺らす	寝た子の腰を下から支えて揺らし 最後にコロン

ウ
座った子の頭を下から支えて頭を揺らす

どっち？

B ポイント1

ア　首が据わった後にする遊び。大人は肘を床につけた安定した姿勢で，赤ちゃんのお尻の下に手を入れ，ほんの小さな動きでゆったりと揺らしてあげます。目をあわせ，表情をみながら。体幹を感じる遊びですから，背骨の位置が動いては何にもなりません。

イ　寝返りをうつ前後です。足や腰が動き，肩も上がり出したら，最後にコロンもOKです。それより前には，先走って転がすことはせずに，揺らすだけにしましょう。子どもの動きをよくみて，その動きに寄り添ってしてあげましょう。

ウ　しっかりと，座る姿勢が安定した後に，右図のように両手の掌の上に，ポコッとこどもの頭をのっけるように支えて，左右に頭を傾ける程度に揺らします。大人の座る姿勢が高いと首を上に引っ張るようになります

から，気をつけましょう。低い姿勢で，子どもが自然な姿勢のまま頭を
預けられるように，座りましょう。

（2）　横揺れ２　「かごかご」　をしてみましょう　⟶実践

か　ご，か　ご，　じゅうろ　く　もん，　　えどから　きょー　まで

さんもん め，　ふかいかわへ　は めよ か？　あさいかわえ

は　めよ か？　やっ　ぱ　り　　ふか　い　かわへ　　どぶーん．
（あ　さ　い　か　わ　へ　じゃぼ，じゃぼ．）

A　実践１

＊布に子どもを乗せて２人で振る時の，大人の振り方は？どっちが子どもが
怖くないですか？

ア	イ
足を踏ん張って手を肩から，	手は固定して，足の重心移動で揺らす
左右に大きく振る	

B　ポイント1

＊布に子どもを乗せて揺らす時，手を左右に振って揺らすのは，大人2人の
　背の高さ・腕の長さの違いで，揃わなくなります。手は身体の横にたらし，
　布を丁度良い高さに固定してもち，身体全体の左右の足への重心移動で揺
　らします。揺れが安定して，子どもの安全も心地良さも確保できます。

＊床からそんなに高くする必要はありません。それよりも，安定した揺れの
　繰り返しが，心地良さを与えます。布の中で子どもが転がるような大きな
　動きは，目的が違い，幼児の遊びになります。

A　実践2

①大人2人の中で揺らしてあげる時には，大人はどうしますか？

ア　立って手をつなぎ重心の移動　　　　　イ　膝立ちで手をつなぎ重心の移動

②子どもの立ち方はどうしますか？

ア　足も手もそろえて立つ　　　　　　　　イ　足も手も広げて立つ

B　ポイント2

①ア　大人が立つと，上記と同じく2人の手の高さなどが揃わずに子どもが
不安定になります。

　イ　膝立ちですと，高さの調節がしやすく，子どもの背の高さに合わせら
れます。

　　つないだ手は固定して，身体全体の重心の移動で揺らしましょう。子ど
もの動きに合わせて。

②イ　子どもは足も手も開き，大の字になってする重心の移動の遊びです。

　　子どもの手の下で，大人は手をつなぎ，重心の移動を助けます。いたず
らに大きく振らないように気をつけましょう。

（3）　縦揺れ，膝のせ　「うまはとしとし」　をしてみましょう

うまは　とし，とし，ないても　つよ

い，うまは　つよいから〔のりてさん〕も　つよ　い．

A　実践1

①子どもをどう支えますか？今，何ヶ月ですか？今，何歳ですか？

ア	イ
座った状態で，背中で手を組んで支える	座った状態で，手をつないで支える

①ア　お座りがしっかりできてから。　向かい合って座らせ，足は両横にお
　　ろします。大人の手を腰の後ろでつなぎ，しっかり子どもの脇を安定さ
　　せて，座らせます。

　　　　足がまだしっかり両横につかない時は，小さな上下の動きでします。
　　足の裏がきちんと床についたら，少し大きな上下運動。一回終わったら
　　一息入れて，いらない言葉をはさまずに歌を続けましょう。

　イ　足の裏がきちんと着いて，踏ん張りがきくようになったら，手を
　　つないでします。

②手はどうつないでいますか？

　　　　ア　手首からしっかり掴む　　　　　　　イ　手を握る

　　　　　　　　ウ　2本指を出して子どもに掴ませる

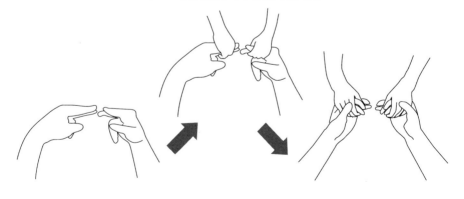

B　ポイント2

②ア　手首をしっかりと掴まれたとき，どんな気持ちになりますか？何か拘
　　　束感を感じませんか？もし，いやだと思っても，拒否できない体勢です。
　イ　拘束感はあまりありませんね。でも，自分の意思というより，大人の
　　　思いに従う感じがします。
　ウ　子ども自身が大人の指を握ることで「してほしい」という意思表示を
　　　しめしていますから，目いっぱい，楽しく遊んであげましょう。上に添
　　　えた親指と下から支える薬指と小指で，握る力が弱くても安全を確保で
　　　きますし，大人も一緒に遊ぼうという意志を伝えることができます。明
　　　確な意志を表す，伝えることの，第一歩です。
　　　　この頃には，一回ごとに止まらずに，数回歌い続けるようにしましょ
　　　う。遊び終わった後にも，心の中に歌が流れ出てくるようにします。

＊歌い続けるのが，自然になった後は，時々歌の終わりで，足を開いて足の間
　に落として遊びましょう。いつ落とすのか，子どもと向き合いながら，大
　人も楽しみましょう。でも，乱暴には落としません。衝撃がないようにし
　ます。衝撃を楽しめるのは，身体ができてきて，衝撃を和らげる動きを自
　分でとれる年中や年長の幼児です。

④ 舟こぎ

《腰の屈伸運動》

　舟こぎの遊びは，身体のどこの動きでしょうか？腰の動きですね。

　もともと４つ足での歩行であった先祖から，だんだん２足歩行になってきた人間にとって，腰はとても大切な働きをもっています。今まで重力に対して平行に保っていた上半身を，直立させることになったのですから。

　骨盤の真中に，背骨がしっかりと立つことで，上半身は自由に様々な動きができるようになります。前屈・後屈・回転・ひねり，と上半身の大きな動きは，ほとんどが腰からの動きになります。体幹を支える筋肉，下半身と上半身をつなぐ筋肉の屈伸です。

（1）「ぎっこばっこ」をしてみましょう 実践

ぎっこ，ばっこ，ひけば，となりの
ばんばこ，かけたわんこ　もってきて，
おっ　ぷり，かっぷり，みなのんだ．

A 実践1

＊それぞれの遊び方は，どの位の年齢（どのような発達段階）の時の遊び方でしょうか？

ア
胸（背中）をしっかりつけて抱っこして

イ
膝に乗せて手を後ろで組む

ウ
向かい合って座り（足がつく）
指を握らせしっかり手で包む

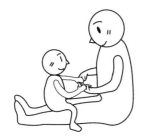

エ
向かい合って座り（足がつく）
手を握り，歌の終りで足の間に落とす

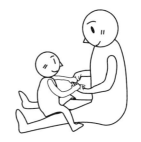

B ポイント1

＊少なくとも，1歳すぎからです。

ア 膝に座らせて，大人の胸に身体全体を預けられるように脱力して，上半身を前後に動かします。身体のかたい子は，そりくり返らないように，軽く両手で支えましょう。

イ 向かい合って座った子どもの背中の後ろ，腰の辺りで両手を組みます。子どもの手は，その上から自然にたらして，自由にがきくようにします。腰からの屈伸運動する舟こぎです。

ウ　足がきちんと両方ともつくようになったら，手をつないで，舟こぎを
　　するようになります。

　　　手のつなぎ方は，「③（3）縦揺れ，膝のせ」の項（p.73）の，指の
　　握り方・握らせ方を参照してください。

　　　ゆっくりと，何回も続けて遊びます。子どもが，ゆっくりと腰から屈
　　伸できるように助けます。

　　　大人は，上腕は軽く身体の横にたらし，前腕を前に出して手をつなぎ，
　　そのままを保持して，腰の屈伸運動でする。腕の屈伸ですると，一定の
　　動きが保たれないので，不安定になります。腕の屈伸での舟こぎは，幼
　　児になってからです。

エ　続けて歌い漕ぐことの，心地良さを体験し，充分満足した後には，
　　時々落とす遊びを入れます。

　　　「膝のせ」遊びの縦揺れと同じく，衝撃をうけないように，予想がつ
　　くように顔を見合わせながらします。

A　実践2

＊どっちから，漕ぎ出しますか？子どもにとって自然なのは？それは何故？

　　　ア　大人が前屈から始める　　　　　　　イ　大人が後屈から始める

B　ポイント　2

　大人が前屈から始めると子どもは後屈，後ろにのけぞることから始まります。

　大人が後屈から始めると，こどもは前屈の動きから始まります。

＊当然，こどもにとって自然な動きにするには大人が後屈から始めるべきです。

A　実践　3

＊どのくらいの速さが良いでしょう。

（①ア・イ・ウ・エ　それぞれの遊びで，どう違うでしょう？速いもゆっくりも，両方試して，何が違うか感じたことを出し合いましょう）

＊どっちが良い？面白い！喜ぶ！身体を感じる！動きがシンプル！年齢にあってる！

B　ポイント　3

③速さは，全てのわらべうた遊びにとって，大切な問題です。同じ遊びでも，テンポが違うと，まるで異なる性質の遊びになります。面白さも違います。

・ガス抜きのような，その時盛り上がって，後は忘れてしまう面白さ。

・その時はごく自然なのに，その心地良さや喜びが，後でふと蘇ってくる面白さ。

　わらべうたは，後者の喜びをもたらすものです。その良さが生かされるのは，年齢や発達にあった遊びを，良いテンポで，シンプルに，身体が心地良さを覚えるように何回も何回も繰り返された時です。

＊この歌は，ちょっと不思議で美しい言葉でできています。ゆったり，ゆっくりと，言葉を楽しみながら歌いましょう。

⑤ 歩き

《人になる》

　人が他の動物と違って，文化や文明を発展させてきたことの出発点は，2足歩行と言語です。

　その一つ，歩くという行動は，子どもたちが生きていく上で，多くのことの基礎となり基本となる事です。乳幼児の6年をかけて，この歩きをしっかりと育てていく必要があります。特に，今の時代は自然の中で身体を動かす機会が少なく，日常の生活の中でも，歩く機会が極端に減ってきています。大人が心掛けて，歩くことに注目し，多くの歩きのきっかけを作っていく必要があります。

（1）　歩き「アシアシアヒル」　をしてみましょう 🎵実践

$\frac{2}{4}$ ⎡ ⎡ ⎜ ⎡ ⎜ ⎜ ⎡ ⎡ ⎜ ⎡ ⎜ ‖

　　ア シ，ア シ，　ア ヒル，　カ カ ト ヲ　ネ ラ エ．

A　実践　1

①大人について，横揺れしながら歩きます。どう違いますか？

　ア　ヤジロベー歩きをする。重心を左右に　　　　イ　手はおろして，横揺れの重心移動
　　　移せるように「大」の字になって　　　　　　　　（アヒルのように）歩く

80

B　ポイント1

ア　歩くというより，ヤジロベーのように，しっかり片足ずつを上げて重心を左右に移しながら，少しずつ前に進む感じです。（大人は後ろに進む）

　大切なのは，子どもの自然な歩きのテンポを知ることです。早すぎず遅すぎず。子どもをよくみながら歩いて，安定した速さで歩けるテンポで歌ってあげましょう。

　子どもも，部分歌いなどをするでしょう。よく聴いて，合わせましょう。うまくできない子とは，手をつないで，手が上がったり下がったりしないように支えましょう。

＊決して，手を引っ張って前に進めないように。前に進むのは身体から，足からです。手を引っ張られて進む癖をつけると，重心が上になって歩きが不安定になります。子ども自身の体幹と重心とを，しっかり育てる手助けをする為の遊びであることを覚えておきましょう。

イ　「こちらの池からあちらの池まで，おかあさんアヒルが一人ずつ連れて行ってあげるね」などと，設定してすると，子どもは一人ずつするのが，楽しみになるかもしれませんね。

　様子をみて，「今日は，2人ずつ一緒に行こうかしら」という形で，人数を増やしていくのも良いです。この時も，つながる必要はありません。2番目や3番目の子に「先生と手をつなげないけど，道をまちがえないで来れるかな？」と問いかけたり，上手についてきたら「すごい，手をつながなくても来れたね」と認めたり，「今度は○○ちゃんと先頭代わる？」とか，状況に応じて遊びましょう。一緒に歩くことに，そうやって楽しく慣れていくのも良いのではないでしょうか？

A　実践　2

②ア，イはどの位からできますか？

ア
子どもは大人と，向かい
合ってついていく

イ
大人の後ろに子どもが
ついていく

B　ポイント2

②一人歩きで，手がしっかり下がってからの遊びです。（2歳）

　ア　先ずは，一人と向かい合って歩きましょう。

　　向かい合って歩くと，歩きのモデルを見せられるので，歩き始めは
とても良いです。また，大人の目が届き，また大人は後ろ歩きなので，
早くならずに良いです。

　　この時期，子どもがつながって歩くのは，とても難しいものです。
一人ずつの歩きの発達や体格が異なりますから，同じ歩幅で同じ速さ
で歩くのは不可能です。

　　その状態で無理して，つながり歩きをすると，不自然な歩きを訓練
することになります。

　イ　大人の後ろについてくるのは，この年齢（2歳後半）では易しく
はありません。でも，ある程度アの形での歩きを重ねておくと，自然
に大人も子ども同士も歩きの歩幅やテンポが揃ってくるので，ついて
きやすくなるでしょう。ここでも，つながる必要はないでしょうし，
歩きも初めはヤジロベー歩きで良いでしょう。子どもたちが，先生の
後をついてこれれば良い訳ですから，一人だけでも良いですし，数人
の子どもでも良いでしょう。

子ども同士の間隔が広かったり狭かったりしても，かまいません。アの遊びで，先生についていく楽しさ，歌の声を合わせ一緒のテンポで歩く楽しさを，いっぱい体験していれば，子どもはついてきます。

　途中でいなくなってしまっても，叱ったり，怒ったりせず，「あらー，はじめは5人もいたのに，2人しかつかなかったねー」と事実を子どもに伝えましょう。そうすると，皆がついて来た時に，「すごい，今日は皆が一緒についたよ！」と，子どもと一緒に喜び合えます。子どもは，先生が喜ぶことは大好きですから，最後まで歩きたいと願うようになるでしょうし，それができた時には，自分で自分を誇らしく思うでしょう。また「先生，今日もみんなできたよ」と喜ぶようになるでしょう。子どもと一緒に喜びましょう。「今日はおしかったね」も大切です。

A　実践3

③子どもが大人の足に乗っかり，手を大人の足に回す。大人は肩か脇を軽く
　支えて歩く。どの位の月齢・年齢の子ができますか？

　＊こどもを足に乗せて，あなたはどっちに歩きますか？なぜですか？

　　　　ア　前に歩く　　　　　　　　　　イ　後ろに歩く

＊歩幅は，どのくらいですか？どう違いますか？

ア　広く 　　　　　　　　　　　イ　狭く

B　ポイント３

③充分に一人で歩けるようになったら，してみましょう。

　足の上にのるのは，難しい動きです。大人の足をしっかりもつと，怖さが半減できますし，足がはずれそうになった時も，修正しやすいです。子どもを支える手は，強く押さえつけず子ども自身が大人の足に上手に掴まっていることを感じさせましょう。「本当は，大人は何も助けていないのよ」という感じで！その代わりに，足の裏や足の甲などは総動員して，子どもの足が落ちないように助けましょう。

　　＊大人が前に進めば，子どもは後ろ歩き。大人が後ろ歩きすれば，子ども
　　　は前に歩く。もちろん，この年齢の子に必要な歩きは，前歩き。
　　＊歩幅は，もちろん，子どもの歩幅で。

　足を前に出す，という動きよりも，足の裏の敏感さや柔軟さです。足の裏全体が，しっかりと地につくことは歩きの第一歩です。昔は道も舗装されていないので，凸凹があったり小石があったりと，足の裏が自然に敏感になって柔軟にバランスを取ることができました。今は全てが平らな道なので，足の裏が鍛えられず鈍感になっています。足の指もあまり使っていません。

　眠っている足の裏や足の指を，目覚めさせる良い遊びです。

【人間の脳について】

　多くの哺乳類は，生まれると同時に自分の足で歩き始めます。一つの個体として生きていける身体の基盤ができているのです。それに対して，人間の赤ちゃんは，生まれた時から歩き出すまで１年かかります。生きていく身体の基盤ができていない状態で生まれ，それだけの時間をかけて一つの個体となっていくのです。

　人として一番の特徴である脳が大きい為に，生まれる時には産道を通り易くするため，頭蓋骨は大きく５つに分かれています。特に大泉門と呼ばれる頭頂部のおおきく開いた部分にそっと手をあてますと，脈動が感じられます。まだ骨で守られていないからです。頭蓋骨が全部つながり，脳が全て骨で守られる状態になるのは，１歳半頃です。

　それまでは，柔らかい脳，しかも大きく成長している時期の脳に，大きな衝撃をあたえるような激しい振動を頭に与える行為は避けたいものです。

　頭の骨が全てつながったとしても，まだまだ柔らかい脳を，痛めないように，動きは常にゆったりと，大きすぎない動きで進めていきましょう。横揺れ，縦揺れ，前後揺れ，と歩きの基礎をしっかりと乳児期に身につけ，幼児期になって走り，前跳び，縦跳び，横跳び，と進んでいきましょう。

膝の屈伸 「さるのこしかけ」

さ る の　こ し か け, め た か け

ろ,　　　　め た か け　ろ!

　歩きの大事な基礎として，重心の移動や，腰の屈伸，歩きの遊びをとりあげました。次にくる幼児の段階で様々な運動の発展がありますが，走りや跳躍の基礎の一つに膝の屈伸運動があります。もちろん，課題としては幼児からで良いのですが2歳の親子遊びのなかで，ちょっとしておくと良い遊びがあります。

　親子で丸くなって，座ります。子どもはそれぞれの親の膝に座りましょう。その状態から，「さるのこしかけ」で，子どもは輪のなかを歩き，「めたかけろ」の時にはその近くに座っている大人の膝に座って弾みます。初めはその近くで，としていても，2人が重なって座ったり，遠くや斜めに横切ってあいている膝にいったり，となるでしょう。親のほうも，「こっちこっち」などと声をかけたり，膝に来た子をしっかり抱いて高く跳ばしてあげたりと，とても楽しく遊べます。この段階で，そうやって遊んでいると，3歳過ぎで子どもだけで遊ぶ時には，腰掛ける動作が身についています。イスを使ったり，何もない空間でも，上半身を真っ直ぐにした形で屈伸の動作が自然にできます（空間で，膝の屈伸をすると，得てして上半身が前かがみになって，お尻を突き出すような形になりがちです）。

❻ 手を振る

《手はどこからどこまででしょうか？》

　大人に触られて（手遊び）子どもは自分の手を知ります。

　一方，子ども自らの動きを通して，手を認知することの一つが，手を振る行為です。

　それは，同時に子どもが大好きな遊びです。そのために，ただ「わーわー」と布を振り回して，手の動きが伴わないままの遊びになったり，引っ張り合いっこで終ることがあります。そのような「おあそび」でなく，本来の成長の喜びを感じる「遊び」となるには，どんな工夫がいるでしょうか？

（1）布を大人ともって　上下に振る
　　　「うえからしたから」　をしてみましょう　👉実践

A 実践

ア
大布を皆で上下に振る

イ
小さめの布を大人と2人で振る

B ポイント

ア　はじめは大人の動かす布につられて動かすでしょう。先ず，動く布を
もち続ける手指の握力が必要です。握りができると，大人の動きに合わ
せて手を上下に動かせます。

＊あまりに早いテンポだと，そのテンポに動きがついていけず，手首だ
け動かしたり，動きを止めて硬直してしまったりします。早いテンポ
だと，この時期の子どもは手を上下するよりも，両足跳びを始めます。
特に布の位置が高いと，跳ぶのに丁度良い高さになり，布を振らず両
足跳びを始めます。

＊布の上に，お手玉などをのせて跳ばすと，布をピンと張るようになり，
テンポも少し遅くなり腕が伸びてきます。でも，皆でするこの遊びは，
飛ぶお手玉やおはじき等の動きや色彩の美しさを楽しむ方が良いのか
もしれません。

＊面白くなると，子ども自身が，色々なものをのせてとばしだします。
飛んでいって，怪我をしないものなら，受け入れましょう。でも，人
形はいけません。人形は人の形。面白がってとばすものではありませ
ん。自分がぽんぽんと投げられている感覚をもつ子がいるでしょう。

イ　大人と二人でする時には，その子のテンポ感や手の長さに合わせて遊
び，ゆったりと上下すると，肩から手全体を動かすことができます。

大風のイメージで布をしっかりと上から下へと動かしましょう。

（2）　布に人形をのせて　左右に振る 「このこどこのこ」　をしてみましょう

このこ，　どこのこ，　かっちん　こ.

A　実践

ア
布をしっかり握って肩から
両手を振る

イ
布をしっかり握って重心を
両足に交互に移す

＊どこから手が動いていますか？

B　ポイント

人形をのせて，ゆったりと歌いましょう。

布の上の人形は，この年齢の子どもにとっては生きた赤ちゃんです。

赤ちゃんを，そっと寝かせるように，揺らしましょう。

ア　しっかり足を開いて身体は動かさず，手を肩からゆっくり動かすと静
　　かに動かせますね。このゆったりした動きは，肩からの動きをよく感じ
　　ることができますし，コントロールもしやすく，とても良い遊びだと思
　　います。

　　＊気をつけるのは，大人の手の振り幅より，子どもの手の振り幅は狭い
　　　ことです。一人一人の子どもをよく見ながら，その子の手の振り幅い

っぱいに動かしてあげましょう。

　＊初めは小さく丁寧な振りから入り，少しずつ広げていくのが良いでしょう。初めに大きな振りから入ると，身体全体を動かしてしまいます。

イ　布をもった手はそのままで，身体の重心を動かすと，上の人形は横揺れより，ころころと動かして遊ぶ状態になります。この時は，「ころころころがるね」などと，動きの違いを言葉できちんと伝えます。自分の動きと，人形の動きに，つながりがあることを知るようにします。「目がまわってしまいそうね」などといって，手を振ることを示しましょう。

（3）　手と手をつないで，左右に振る（上下の振りはない）
　　　「このこどこのこ」をしてみましょう　実践

A　実践

ア　左右に小さく振る

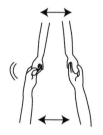

イ　左右に大きく振る

＊どこから，手が動いていますか？手首から？肘から？肩から？

B　ポイント

　2人組みで，手を振って遊びます。何回か遊んだら，違う人と組んで遊びます。布をもったり，人形をのせたり，の設定がないので，自然に速くなります。

　＊男の子は特に，手に力を入れて，引っ張り合いのようになります。そんな時はどうしますか？「引っ張り合いをするの？」と聞き，「じゃ，代わりばんこにしよう」と片手ずつの，屈伸をさせましょう。力を入れ

て引っ張ることができるように，「こーのーこーー」と少しゆっくりめ
に力を入れて歌ってあげましょう。足元がふらつきますから「足が動い
たら負けよ！足を踏ん張って」といいましょう。横に振る時も，足がし
っかり身体を保持してないと，手をめいっぱい振ることはできません。
＊皆が，歌に合わせず，バラバラにして振る時は，まず「歌は？」ときき
ましょう。良く歌えている時は自然に歌に合わせて，身体は動くのです。
それでも合わない時は，だんだん速くしていって，目一杯速くて必死に
なってした後，急にゆったりと一番良いテンポで歌いだしましょう。ほ
とんどの場合，子どもたちは，良いテンポの美しい動きに，戻ります。
＊もちろん，この時も大人は，はっきりとした目的をもっていますが，子
どもたちには全てを遊びとして提供します。大人は餓鬼大将です。
＊餓鬼大将で居続けるには，身も心も満足感や達成感を感じる，面白い遊
びをいつも提供し続けることが，大切です。大人自身が，身も心もフル
回転で，面白がりましょう！

（4） 一人での上下・左右の布振り 「ももや」 をしてみましょう ⏩実践

A 実践

ア　大きい布を振ってみる

イ　小さめの布を振ってみる

ア　速く振ってみる

イ　ゆっくり振ってみる

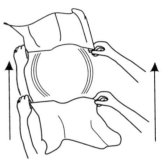

＊大小の振り，速い遅いの振り，手の動きはどう違いますか？

＊子どもは，どの位の大きさの布が振りやすく，布の動きが美しいと感じる
　でしょうか？

＊良い大きさの布で，どの位のテンポだと，美しく振れますか？

B ポイント

　布の，大きさの違い・質感（軽い・重い）の違い・テンポ（速い・遅い）
の違い等々，様々な違いによって，手首だけ・肘から・肩からと，色々な振
り方が体験できます。

　大きい布の時，小さい布の時，とわけても良いですし，大小の布を出して
好きな布を選ばせても良いでしょう。どちらにしましても，様々な体験がで
きるように，繰り返し繰り返し遊びましょう。その中で子どもたちは，その
布がどんな布なのか想像を膨らませられますし，布の美しい動きを求めるよ

92

うになるでしょう。

＊「ももたろう」の話からも想像できるように，昔は川に出向いて洗濯するのが，当たり前でした。ちょっと街並みから外れた所には，川が流れていました。私の住む佐賀は街の中に川が巡っていまして，各家ごとに川に下りる階段が作られていました。

　今もその階段がところどころに残っています。おそらく，洗濯だけでなく，ちょっとした野菜の泥を落としたり，庭木への水やりなどにも使われていたことでしょう。

＊「今日は私はスカートを洗おうかな」とか「○○ちゃん，今日は何を洗っているの？」などと，具体的な洗い物を想像させると，遊びは続きます。直ぐやめるような子にも，「○○ちゃん靴下洗ってね。ほら，この前雨の日に靴が脱げて真っ黒になったでしょう」などと，実体験をつなげると，「随分きれいになったね。あともう少しですっかりきれいになるよ」と洗い続ける要素を提供できます。

　もちろん，子どもが「きれいになったよ」ともって来た時も，もって来ない時も，「すっかりきれいになったね」と認めましょう。「あら，なかなかきれいにならないようね。石鹸つけて汚れを落としてあげようか？」などと積木を石鹸に見立てて布を擦ったり，おはじきを洗剤に見立てて散らばしたりして，すこし擦ってあげて「ほら，とれたよ。あと，石鹸がなくなるように，しっかり濯（すす）いでね」と，戻してみたり。様々な洗濯の様子を想像して，楽しみましょう。子どもは，もともと物語が好きですし，物語の主人公になるのは，もっと好きです。

　でも今は，固形石鹸で擦るなどという世界はなくなりつつあるのでしょうか？そんな時には石鹸の出てくる絵本でも読んであげて下さい。

《手について》

　手は「手掌・前腕・上腕」の３つからなり，肩から始まっています。「手を振る」遊びは，手の最も大きな動き，肩からの動きの遊びです。「手掌・前腕・上腕」の３つの部分が，一本の腕と感じるように（肘や手首をくねくね曲げずに）肩からゆったりと動かしましょう。

　ただし，まだ関節がしっかりしていませんから，直接手をもって無理な動きをさせることは，脱臼の可能性があります。子どもの自然な動きで，肩から動くような設定をいたしましょう。

【身体発達を手助けする遊び】

　子どもの身体発達を手助けする，これらの多くの遊びは，細かく気をつける点があります。身体の各部分の，意識化や分離化を目指すのですが，これはモデルとなる大人の目標で，決して言葉で子どもにそれを要求してはいけません。大人が，

　１）明確な意識と分離した動きを見せる

　２）そのような動きが自然にできる設定を用意する

　３）繰り返し遊ぶ

　この３つの事を大人が実行する事で，子どもは自然にそのように身体を動かし出します。

　とはいっても，一人ずつの得手不得手があり，発達の違いもあります。様々な身体の動きの面白さを提供することが，まず第一の目的です。できないからと，「ここをこうするのよ」などと口で説明したり，ましてや手・足・身体を掴んで，動かすなどは，もってのほかです。人間として，元々様々な機能は備わっているのですから，それらが目覚めるような工夫をするのが，大人の役目です。

❼ 模倣遊び

《大人とする遊び・子どもが真似する遊び》

　模倣遊びとして取り上げた遊びは，より小さい時には膝に座らせ，子どもの手をとって遊ぶ，という遊び方がされています。特に，子どもの手を温める行為から始まったと思われる遊び「かれっこやいて」や「ドドッコヤガイン」などはその典型的なものでしょう。一方，「シッタラ」などの子ども自身が見て，真似する遊びが，本来の模倣遊びで，手腕の様々な動きが入っています。

（1）　膝に抱いて
「かれっこやいて」をしてみましょう　実践

かれっこ　やいて，とっくらきゃして　やいて，
しょうゆう　つけて，たべたら　うまかろー.

A　実践

ア
子どもの手の平をもってする

イ
自分の手の平の中に子どもの手の平を重ねてする

ウ
子どもの手元を支えてする

ア	イ	ウ
手元拡大	手元拡大	手元拡大

B ポイント

　この遊びでは，大人が一生懸命子どもの手を動かしながら，教えこもうとしている姿をよくみかけます。一方子どもは，されるがままにされていて，そこに子どもの意志がないように，見えることがあります。

　そうならない為には，どうすると良いのでしょうか？

　一つは，子どもの手のもち方ではないでしょうか？無理強いにならない，自らの意志としても動かせるもち方。それを考えた時，大人の脱力した状態の手の平の中に，子どもの手を重ね合わせる，それもふんわりと包み込むようにもつ。この形が最適に思います。

　こうしますと，大人と子どもの手の動きが完全に一致しますので，２人共にとても自然な動きになりますし，子どもがやめたい時には手をはずせますし，したい時にはすっかり脱力して手を任せてくれます。大人は，教えるという意識でなく，自らが自分の手で遊んでいる感覚で動かせば子どもの手もそれにつれて自然に動くようになるのです。

　＊逆に，このような手の持ち方で遊べない「模倣遊び」は，手の様々な動きが入っています。手の異なる動きの変化が面白い遊びであり，子ども自らがその変化を楽しめる時期に，自分で真似する，言葉どうりの模倣遊びでした方が，より楽しくより豊かに遊べる，ということではないでしょうか。

（2）　大人を見て真似する 「シッタラ」 をしてみましょう

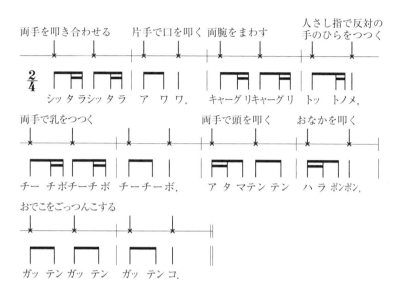

A　実践

＊見て真似するには　どんな速さが良いでしょう？

　ア　速くしてみましょう

　イ　普通の速さでしてみましょう

　ウ　ゆっくりとしてみましょう

＊何が違いますか？

＊何種類の動きがありますか？

＊一度に，幾つもの箇所が動いていませんか？

＊それぞれは，手の何処の動きが大切なのでしょう？

　大切な動きの箇所をしっかり動かし，後は柔らかく形作っておきましょう。

B　ポイント

模倣遊びは，言葉通りに「真似遊び」です。教えるのではありません。
大人の振る舞いを見て，子どもが自然に真似する遊びです。

＊すべての動作には（ガッテン以外）手の動きだけでしましょう。無意識
　に頭を振っていたり上半身を揺すったりしていませんか？
　それでは，何をまねするのか子どもには伝わりません。

＊手は方から，しっかり動かして，動きの方向の変化をはっきり見せます。

＊両手の動作，片手の動作（動かない手はしっかり固定してみせる）の区
　別をしましょう。

＊乳・頭・お腹をはっきりと示す。等を意識して動作をしましょう。
　両手：シッタラ・キャーグリ・チーチボ・アタマテンテン・ハラポンポン
　片手：アワワ・トットノメ　頭：ガッテン

＊これは幼児の「わらべうた遊び」の出発点，「しぐさ遊び」へと，つな
　がります。幼児のわらべうた遊びは，子ども自身が大きい子どもたちの
　遊んでいる姿を見て，真似しながら，少しずつ仲間になっていきます。
　じっと観察してある程度わかってから中に入る子もいれば，闇雲に入っ
　ていってとにかく遊び始める子もいます。同じように，模倣遊びも，ジ
　ーッと観察してから始める子もいれば，できるところだけ歌ったり真似
　したりして，だんだん全体ができるようになる子もいます。大人は，ひ
　たすら良いテンポで，シンプルで，はっきりとした動きで，楽しく遊ぶ
　姿を見せましょう。

＊あまり速いのも，遅すぎるのも，難しくなります。
　速くすると，動きが流れてしまい，動作がわかりにくくなります。
　遅くすると，動作が重くなり，動き一つずつがバラバラに見えて，かえ
　ってわかりにくくなりますし，歌の楽しさが半減します。心地良い速さ
　で，軽やかに，しかし一つずつの動きの違いを明確に見せるようにしま
　しょう。

8a ミニ集団の遊び 2歳前半

《人から人間へ》

　ただ寝ていて全てを大人にしてもらっていた赤ちゃんから，立ち，歩き，話し，意志をもって自分の行動をしだした人間，2歳児。人間としての，出発点が整った子たちは，群の一員として人間社会に入る準備を始めます。

　何が違うのか，何故いやなのか，自分自身がわからないまま「イヤイヤ」と言っていた子が，「ダメダメ」と言い出します。大人の手助けを「ダメダメ」と言い出します。

　自分の思いが少しずつ形となって見えてきて，「してもらうのでなく」，何でも「自分でしたい」という要求を持ち出すのです。何事も，自分自身で行動することでしか，見えてこず，理解出来ないことを，本能的に知っているのでしょう。

　そうやって1対1だった世界から，1対数人の世界に広がってきます。これが，ミニ集団の時期です。1対1の大人を通して，「私」と同じ立場の「仲間」ができ始めます。

　まだまだ，1対1の「一方的に援助される立場」の部分が強いけれど，少しずつ，「同じように，一緒に，上下でない」という関係を求め始めます。それに伴って，「自分がする」喜びや満足を体験します。「模倣」「しぐさ遊び」の始まりです。

（1） しぐさ遊び
「ドッチンカッチン」　実践

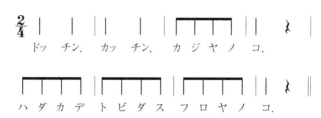

　模倣遊びの次にくる，子ども自身が自分の体を動かして遊ぶ「わらべうた」です。

　1対1でしてきた遊びが，少しずつ，集団遊びへとつながる過程です。子ども同士で組み立て，協力して遊ぶ「わらべうた」というには，子ども同士のつながりはまだ希薄です。大人という発信元から，それぞれが受け止めて，隣同士で同じ遊びをする（平行遊び）という関係です。それぞれの子どもと大人の愛着関係の上に成り立つ遊びでしょう。良きモデルとしての大人のすることを真似したい。ましてや好きな大人が，楽しそうにしている遊びなら，「一緒に真似して遊びたい」「お隣の○○ちゃんも真似してる」「△△ちゃん（自分）も真似したい！」時には「隣の□□の真似したい！」そんな心動かされるような，ワクワクする遊びのモデルとなりたいですね。

A　実践

①一人は先生役，数人は初めて見る2歳の子になって，遊んでみましょう。
　・どんな風に見せますか。子どもにはどう見えて，どんな風に真似するでしょうか。想像してみましょう。

②グループごとに実践をし，後の人はよく見ましょう。
　・様々な仕草の違いが，出てくるでしょう。どこが違いますか？
　・それぞれの異なる仕草を真似してみましょう。

③課題にそって，試してみましょう。

ア
握った拳を叩くように動かす

イ
握った拳を交互に前に突き出す

＊手のどこの部分の動きを一番感じますか？

B　ポイント

①②先生役も子ども役も，互いに感じたことを伝える時には，「こんな風に」
と具体的に身体を使って見せることと，「どこがどんな風に，どちらに向
かって動いた」と言葉でいうことと，両方で説明しましょう。思っている
ことを，身体と言葉の両方で表現することは，教師にとって大切な力です。
その２つの力の良い訓練になります。

③アは，肘からの動き，イは肩からの動きになります。この時期の子どもた
ちは物を投げたりし出します。肩から一直線に前に手を突き出す動きは，
上腕の筋肉の動きです。思い切り，前に突き出す遊びをしましょう。

　＊初めは，丸くなったり，先生と向かい合ってします。充分前の突き出し
　　ができる子たちには，上や下に向かって，右や左に向かって，もしてみ
　　ましょう。どの方向に動かすにしても，拍ごとに左右の手がはっきりと
　　交互に入れ替わります。拳から肩までが一直線に見えるように，手を伸
　　ばします。脱力した腕を，力強く，スピード感をもって動かします。

　＊腕全体が，よく伸びるようになったら，隣の人と向かい合って，してみ
　　ましょう。もちろん，互いが出す手が，ぶつからない為には，少し智恵
　　が必要になります。でも，ぶつかっても，間違いではありません。両方
　　とも，あり得ることですから。「ぶつかったね」「ぶつからなかったね」
　　と事実をいいましょう。指導はしません。ぶつかる方が，面白がる子も

いますから！

　ぶつからないように，と技術的な要求をするのは，幼児の段階で充分です。

（2）　歩き　「エエズゴーゴー」　と　　「どうどうめぐり」　をしてみましょう　👉実践

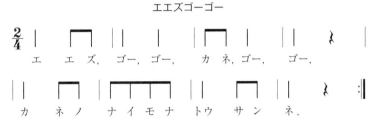

　2歳児になると，連なって歩くことが楽しくなります。「良い歩きの為」の遊びもありますが，ただただ歩くことも楽しくなります。特に後述のテーマ遊びなど，様々な設定があるので，想像力を呼び覚まし，ひたすら歌いながら歩くことが楽しくなります。

　歩ける歌であれば，どの歌でも良いともいえますが，やはりそれぞれの言葉のもつ力や雰囲気が，少しずつ異なります。上記の2曲を歩き比べて，どう違うか，皆で出し合ってみましょう。

A 実践

＊2種類の歩き方を，してみましょう。どう，違う歩き方になりますか？

ア　平らな道を，ひたすら歩く感じで，歌いながら歩いてみましょう。

イ　険しい山道を，一足ずつ登るように歩く。

B ポイント

ア　自然に歩きます。大人のモデルが，気をつけることは，膝をあげたり，手を振ったりと，大袈裟にしないことです。足から出すというよりも，お臍（へそ）から身体全体が前に移動するつもりで，それに連れて足が出る，という感じで歩きましょう。

イ　具体的には，一歩ずつ左右に重心を移動するように，歩きます。もちろん，アのような速さでは無理です。足の裏をしっかりつけて，踏み締める様に歩きましょう。よく歩けるようになった年齢ですので，気持ちが先行します。時々こうやって，足の裏をしっかりと地面につける歩きを思い出しましょう。

＊3歳になると，ア・イの歩きに＋山くだりの早歩きが入り，多様に遊べます。また，「エエズゴーゴー」は役交代の，「どうどうめぐり」は門くぐりの各遊びに発展していきます。

（3）　鬼きめ
「せんべせんべ」をしてみましょう　実践

せんべ，せんべ，　やけた，　どのせんべ　やけた？

このせんべ　やけた.

A　実践

　子どもの手を煎餅に見立てて，鬼きめのようにあててゆく遊びです。3〜4人が子ども役，一人が先生役になり，実践します。先生役を代わって，皆が実践しましょう。

＊それぞれにどう違ったかを確認し，気がついたこと，良いと思ったことなどをまとめましょう。

①・先生役はどんな動きをして，どんな声掛けをして，遊び始めるきっかけをつくりましたか？

　・子ども役は，どんな気持ちがしたか，どんなことがわかったか，戸惑ったかを言い合いましょう。

②先生役は，円に並んだ子どもの手を，何処から，どんな方向に触りましたか？

　・手前から？向こう側から？横から？

　・どっちまわりに触っていきましたか？

　・ひっくり返す時，どんな風に子どもの手を動かしましたか？

　・ひっくり返す時，どんな言葉掛けをしましたか？

　・言葉掛けがないパターンもしてみましょう

　・子ども役は，それぞれにどんな感覚を抱いたか，気持ちを話しましょう。

③・先生役は，全部ひっくり返った時に，どんな言葉掛けをしましたか？

　・子ども役は，その時，どう感じましたか？どうしましたか？

B　ポイント

①「座って，手をこんな風に出して」と始めるのは，あまりに直裁的ですし，遊び続ける思いが，出てきません。

　どんな言葉掛けをしたら，子どもたちが自然にワクワクして集まってくるでしょうか？

　どんなことをしたら，誘いの言葉なしでも，子どもが寄ってくるでしょうか？

＊できるだけ多くのパターンを考えて，書き出してみましょう。

＊それらを，互いに教師役になって，実践してみましょう。

＊子ども役になった時，どんなに感じたかを，出し合いましょう。まるで反対の感想が出てくることもあります。それも，キチンと出しましょう。とても，大切なことです。

　自分の思いや感覚と異なる人がいることを，実体験できる場です。それを，知っていると，うまくコミュニュケーションが取れない子や，遊びに加わらない子に，心を寄せることができます。性格が，余りに違っていたりして，どうして良いかわからない時，「そう，あなたは私と違うのよね。でも，それで良いのよね」と思えること，どう行動したら助けられるかわからなかったとしても，心に掛けていることは，子どもに通じます。心掛けていると，どうして欲しいのか，どう動いたら良いのか，少しずつ見えてきます。

②歩きながらする，「鬼きめ」の遊びと一緒です。一度，全員が立って丸くなり，両手を出して，鬼きめ遊びをしてみましょう。

＊右手で，順に手を触るとしたら，どうまわりますか？
　右手で，右隣から一周してみましょう。右手で，左隣から一周してみましょう。
　何が違いますか？どんな感じでしたか？

＊前に進む時，次やその次が，見えているのと，見えないのとでは，違います。する人も，される人も，「次はあなた」と顔が互いに見えて触り触られるのと，「次かまだか」解らない，突然の状態で，触り触られるのではまるで違います。

＊「ひっくり返す」とき，子どもの手をどう触りましたか？一枚ずつ，大切に焼くおせんべいとして，扱いましたか？これも，子どもが「もう一度したい」と思う出発点につながりますよね。わらべうたは，「遊び」です。でも「おあそび」ではありません。直接子どもの人格に，子どもの存在の尊厳を伝える「遊び」です。

＊拍を間違えないようにしましょう。

ゆっくりしすぎると， が │　│　│　│ になって重
く停滞した歌になって，「最後に誰があたるのだろう」という，ワクワク感
が，減ってしまいます。

③初めは，片面を焼いただけでも，良いでしょう。ただ，せっかく焼けたお
　せんべいを食べますよね。「ぱりぱり，よくやけてる？」とか「何味？」
　などと，話しかけましょう。

　私は，初め自分の片手も一緒に焼きます。「しょうゆ味，おいしい」など
と，食べてみせます。子どもも，食べます。「じゃ，今度は何味にしよう
か！」などと，自分の手を置けば，皆も再び手を置きます。そうやって，繰
り返し遊べます。

　＊人数が少なかったり，全員が焼けるのがしっかり待てるようになったら，
　　両面焼いても良いですよね。

8b ミニ集団の遊び 2歳後半

《ミニ集団について》

　決して遊びを強制しないようにしましょう。3歳前半までは基本，自由参
加です。遊ぶ前に，声掛けはしません。何が始まるかわからないのに遊びに
さそうのは，強制です。

　遊びに近寄ってきた子たちと，しっかり，楽しく遊びましょう。でも，輪
になって歩いている時，遊んでいる時，したそうな子がいたら，手を差し出
しましょう。手をつなぐだけでも良いのです。遊びに加わってくれたら，う
れしいですね。手をつないでくれなかったら，次の機会にしましょう。

先生の注意を引きたくて，出たり入ったりしているとしたら「入る？入らない？」と聞き，決めるように促しましょう。「入る」といった後に抜けようとしたら「あら，入ったのでは？」と，確認します。

　何回もする内に参加できると良いな，という気持ちで，次の機会に加わる工夫を考えましょう。初めての，集団遊びです。発達の段階が，まだそこに来て居ない子がいたら，その前の遊ばせ遊びをしっかりとしてあげましょう。

（1）　役交代　「もぐらどんの」を してみましょう　実践

セリフ：「もぐらさん，あさですよ。起きなさい」「ハーイ」

　「役交代」の遊びの出発点です。最も基本となるルールをここで知り，会得します。この遊びを，しっかり，たっぷり，満足いくまで遊ぶと，子どもたちは進化していく様々な「役交代」の遊びを，何の難しさもなくスムーズに，進めていくようになります。

【遊び】

・子ども役が円になり，手をつなぐ。右まわり8歩。前に8歩（小さい輪の時は，4歩前，4歩足踏み），モグラを起こす声掛けをする。

・モグラは円の中で寝ている。声掛けで起きたら，円の1人と交代する。

A　実践

①どう始めますか？

　　ア　「丸くなって手をつなぎましょう。誰か中に入って」と準備をして，
　　　　歌い出す。
　　イ　どんな風に遊ぶか，説明してから　子ども・モグラを選び，歌いはじ
　　　　める。
　　ウ　先生が両手をつなぐように手を出して，歌いながら円を描いて遊び出
　　　　し，繰り返す。何回も遊んで，モグラ役がでてきたら，役交代をする。

　　＊アイウを全部，実践してみましょう。遊びを知らない子どもになって，
　　　どう感じ，どう考えたかを言い合いましょう。

②モグラになって「起こしても，起きてこない子」や「何回もモグラを繰り
返す子」が出てきたらどうしますか？

③モグラになりたい子がいっぱいで，子ども役の輪ができません。どうしま
すか？

④なんとなく，入ってきたり，出て行ったりして，２～３人になってしまい
ました。どうしますか？

　　＊この時期は，ミニ集団で，自由な形の集団です。途中で，抜けたり，加
　　　わったり，と流動的な動きが出てきます。そのような時，どうします
　　　か？
　　　・一人ずつ，声を掛けるか？掛けないか？
　　　・声をかけずに遊びを続けるか？
　　　　それぞれに，子どもがどう思うのか，どう遊びがかわるのか，など
　　　色々なことを出し合ってみましょう。実際にロールプレイをしてみまし
　　　ょう。
　　　　答えが何種類も出てきそうですね。だって，状況も違えば，子どもの
　　　性格も様々ですから。具体的に思いつく「○○ちゃんなら」という発想

で，いっぱい出し合いましょう。多くの解決法とその問題点を知っていると，実際の遊びの中での対応の引き出しが一杯できます。

＊様々な問題がでた時に，守るべき一番大切なことは何ですか？

B　ポイント

①集団遊び，群としての「わらべうた」は，どんな時も，「遊び」として，子どもたちの前に，提示します。

ウ　「大人は丸ごと遊び出して，子どもはそれを真似して遊ぶ」のです。

＊なぜなら，子どもたち同士がそうやって遊んできたからです。子どもの群れができれば，自然に餓鬼大将と呼ばれる，リーダーができます。その子は，いつも何かのアイデアをもち，面白いこと，楽しいこと，工夫のいること，ちょっと難しいことを，してみせます。

　それが，楽しそうで，面白そうで，自然に皆が真似をし，一緒に動き，歌い，セリフを言い合い，夢中になって遊ぶ。時には，他の子が，その遊びの設定を広げて，餓鬼大将がそれにのっかり，皆もそれにのっかって遊びが続いていく。そうやって，遊びは伝わってきたからです。

　「この遊びはね，この子とこの子が手をつないでね〜」なんて餓鬼大将は説明しますか？「歌を覚えてから，遊びに加わってよ」なんて条件をつける餓鬼大将はいますか？

　『何か楽しそうに遊びだした。何だろう。あの子が遊びだしたんだから，きっと何か面白いことが始まるよ！一緒に遊ばなきゃ，損だ！』

　これが，わらべうたでの，私たちの役目です。

＊前述のように，「わらべうた」には，いつも２つ以上の世界＝役があります。

　勿論出発点は，２つの世界です。「鬼」と「みんな＝世間」。

　基本「鬼」ははみ出し者ですから，１人または少数です。輪の中にいるモグラです。「みんな」は，輪になってまわり（８歩），中に向かい（８歩），モグラに呼び掛けます。

　先生は１人ですから，「モグラ」役の鬼と，起こしにくる「みんな」

の，2つ同時にはできません。どちらの役から，あなたは始めますか？
＊もちろん，みんながする「みんな」からです。一緒に動き，歌い，楽しめるからです。自分の中に輪を想像し，両手を出してつないだつもりで，歌いまわる。子どもは手をつないでくるでしょう。人数がすくなく輪がつながらなくても，あなたの中では，輪ができています。その輪のように，歌い歩きましょう。中に，モグラがいるように，モグラを起こすように，声をかけましょう。

　何度も，繰り返し繰り返ししている間に，モグラになって輪の中に入る子が出てくるかもしれません。「あれ，ちっともモグラさん，起きてこないね。いないのかな？」と問いかけたり，起こす場所をかえたり。子どもだけでよくまわれるようだったら，大人が中に入ってモグラになっても良いです。その時，その時に加わる子どもによって，様々に対応しましょう。「今日は，モグラさんが，一匹もいなかったね」だって良いですよね。次の遊びの時には，モグラになる子が出てくるでしょう。

　基本子どもは，特別な存在になりたがり，モグラになることが大好きです。

②この時，子どもが十分に，モグラをしたか，がとても大切です。
　「役交代」は，歌の終りに鬼が交代します。鬼がどんどん交代していって，歌が途切れることなく続いていく心地良さ，面白さが生まれます。ですから，歌は同じ様に繰り返されるのに，1人の人が続けて鬼をすることはありません。
　＊しかし，この「もぐらどんの」は，歌のあとに起こすセリフが入りますので，そこでやり取りをする（演じる）楽しさがあります。それで，役交代をとてもゆるやかにすることができます。
　　2歳から3歳のこの時期は，自我が芽生え，思いが弾ける時です。この時期，子どもの中では，モグラの役をなんとなくしているのでなく，その子だけの物語や思いが流れています。一回の歌では，その物語や思

いは，終らないのです。

　「何回も呼びにきてほしい」「まだ，ねむいんだもん」「○○ちゃんが
起きたら，僕も起きよう」「もっと，怖い声だったら，起きるけどな」
「お母さんみたいに優しく呼んでくれたら」など起きてこない子どもた
ちの様子をみていると，はっきりとした意志が読み取れます。そして，
その時間をとても楽しんでいます。何回でも，好きなだけモグラをさせ
てあげましょう。様々な歌い方，声の掛け方で起こしてあげましょう。
その子のお母さんに，なったつもりで！

③子どもが全員モグラで，私一人が手をつないでいるように両手を上げたま
　ま，ひたすら歌い，歩き，起こしたこともあります。もちろん，起きてく
　るように智恵を絞って色々します。

　「大きな声で」「小さな声で」とか，「巨人になって」とか，「掘り出そ
う」などと輪の子と一緒に掘る真似をして「つかまえたー」などと運びだ
したり，時には「コチョコチョ作戦」などとコチョコチョしたり。先生が
かわいそうと，同情して輪になってくれる子もいたり，「ありがとう！や
っと仲間ができた」などというと，それを聞いて，起きてくる子もいたり。
このやり取りが，楽しく面白いのです。

＊でも，歌の終りでの交代は，守ります。歌の途中で起きたら「まだ，歌
　ってるよ」といいます。

＊「モグラ」を交代する遊びの時は，モグラが次のモグラを選びます。

　　選んだ子がいた場に入るように，キチンと伝えます。違う所に入った
ら，「あら，○○ちゃん，そこにいたっけ？」と聞き，交代した関係を
きちんと伝えます。

　　「歌の終りで鬼は交代する」「鬼が次の鬼を選ぶ」「次の鬼の居た場所
に，元の鬼が入る」この３つは，ずっと続く「役交代」の基本的ルール
です。

④なぜ，出たり入ったりするのでしょうか？子どものテンポに合っていますか？

　子どもたちがどんな風に遊ぶだろうか」とあなた自身が楽しくワクワクしていますか？20回以上，歌い遊び続けましたか？その頃，子どもたちは楽しくなるのです！……充分遊んだ後に多くの子が満足して抜けていったのに，まだ２～３人の子たちが，楽しんでいる時は，続けてあげましょう。でも，そこで子どもが，迷っているのなら，「楽しかったね！また今度遊ぼうね」とやめましょう。

【「わらべうた」の出発点「役交代遊び」】

　「役交代」は「わらべうた」遊びの中で大きな分野を占めます。単純な「もぐらどんの」のような１人鬼から，２人鬼や，複数の鬼に発展しますし，「門くぐり」や「勝負遊び」，「減り増える遊び」等の複雑な遊びへと進化し，学童の遊びにつながります。

　そのような点からも，「わらべうた」の基本である「集団遊び」の，出発点，基本の中の基本の遊びといえるでしょう。

　役交代の，出発点。役交代のベースとなるルールは，何でしょう。

　「歌の終りで鬼は交代する」「鬼が次の鬼を選ぶ」「次の鬼の居た場所に，元の鬼が入る」の３つです。

＊乳児の遊びは，２つの世界（大人と子ども）が，一つの世界をつくる，つながる，という遊びでした。それによって，自己認知をし，一人の人となる遊びでした。

＊それに対して，幼児や学童の遊び「わらべうた」は，「私」と「社会」という２つの世界を行ったり来たりする遊びです。（役交代での，鬼とその他の皆）人間は「人」の「間」と書きます。まさに，人の間にいる事で，人間は人間に成り得るのです。群をなして，その中で生まれ，育ち，生きて，死んでいく，動物です。群の中に居ながら，一人一人が個として生きていく，智恵や力。子どもたちは「わらべうた」を遊ぶことで，それを自然に会得し，学んできたのです。現代社会で起きている，子どもの世界の多くの問題は，幼児の時代に学ぶべき群としてのルールや智恵や力を，遊びを通して会得していない所にあるのではないでしょうか！

❾ テーマ遊び

《テーマをもった「ごっこ遊び」》

　ミニ集団が始まった時期には，テーマ遊びを始めましょう。

　この時期，子どもたちは周りの世界に興味をもちはじめ，周りの大人のすること，お隣の友達のすること，身近な動物達の行動，などに興味をもち始めます。そして，真似をして，自分自身の体験にしようとし出します。「ごっこ遊び」です。それは，ごく自然に自由遊びの中で始まります。その自由遊びの中から，大人である私たちは，テーマを見つけ出して発展させていくのです。「ごっこ遊び」の拡大版，特別版です。

　それらの疑似体験のなかで，絵や小物の製作，仮装，などとともに，わらべうたも，様々な形で取り上げることができます。特に多くの「しぐさ遊び」や「歩き」の遊びは，ごっこ遊びをよりイメージ豊かに，より物語性を強めて，子どもたちを，主人公にしてくれます。

　このテーマ遊びの積み重ねが，3歳児でのファンタジー遊びを豊かに開花させてくれます。ファンタジー遊びでの想像性や創造性こそ，集団遊びの「わらべうた」の本質的な面白さ，楽しさ，命の力を汲み取る，源泉となるのです。

A　実践1・2　🖐実践

①どんなテーマがあるか，皆で出し合いましょう。

　グループに分かれて出し合い，発表して共有しましょう。

　ア　日々の生活の中で

　イ　季節の自然と行事

　ウ　季節のお祭り（地元のお祭りも調べてみましょう）

エ　家庭や家族の特別な行事

＊多くのテーマを知っていれば，子どもたちの遊びからのヒントを見逃しませんよね。

②テーマに関連する，わらべうたを探しましょう。

B　ポイント1・2

①

ア　ご飯を食べる／園に出かける／お風呂に入る，など

イ　お正月／お雛様／卒園式／春の遠足／子どもの日，など

ウ　どんど焼き／おえびすさん／祇園まつり，など

エ　お誕生日／赤ちゃんの誕生／夏休みのおでかけ／家族旅行，など

②

ア　ぎっちょ／コメコメ／どんどんばし／どんぶかっか／ドッチンカッチン

イ　たこたこ／てんやのおもち／ひなさまこさま／たんぽぽ／どうどうめぐり

ウ　オエビスダイコク／こんこんちきちき／センシュカンノンサン

エ　ぜんぜがのんの／いまないた／さるのこしかけ

A　実践3　実践

③グループで，テーマとわらべうたを選び，実践してみましょう。

ア　お米を炊いて，ご飯を食べる

イ　凧をあげる

ウ　お祭りに行く

エ　泣いている赤ちゃんを寝かせる

B　ポイント3

＊グループで，テーマを選び，関連する「わらべうた」を出し合います。それらをどんな物語としてつなぐか，どう遊ぶか，組み立てます。

＊グループで，実際にその通りに遊んでみます。

＊一人が教師となって，グループ以外の人たちに実践します。

実践4　一斉実践

④実践の後に，皆で学び合いましょう。

　　①遊びに入る言葉かけは，適切な言葉で，何をしたら良いかわかりましたか？

　　②遊びに使った道具は，美しかったですか？何の見立てかわかりましたか？

　　③わらべうたとテーマが，しっくりつながったか，感想をいいましょう。

　　④わらべうたの遊びは，適切なテンポでしたか？

B　ポイント4

①**言葉かけ**：遊びに入る言葉かけは，とても大切です。できるだけ一言で，または一文で，遊びの舞台状況を伝えましょう。そして，とにかく遊び出すこと。言葉の数が多いほど＝説明が多いほど子どもの遊び心は，消えていき「大人に付き合ってあげようか」になるようです。

　　アの例のように，一番シンプルなのは何も言わずに遊び出して伝わる形でしょう。イウエの例は，「何をするか」と「なぜそれをしたくなったか，気持ちをいう」の形です。「～をしよう」だけでは，共感がわきません。

　　「天気が良いから」「寒いから・暑いから」「雨だから」のような環境の設定，「眠いから」「元気だから」「お腹がすいたから」のような自分の気持ちや体調の設定，「泣いてる」「鳴いてる」「お祭りがあっている」「人がいっぱいいる」などの事柄の設定，これらの言葉を，端的に一言いうことで，「そうよね」「そうなんだ」などという気持ちが湧いてきませんか？

②**美しく豊かな道具**：道具を使うのなら，美しい物が良いですよね。子どもたちの周りには，物が溢れています。

　　しかし，それが豊かさとはいえません。いっぱいあっても，明日，そこからなくなっていても気にならない物，気がつかない物が多くありません

か？それは豊かさとはいえません。

＊ずっと，側に置いておきたい物，そこからなくなると探したくなるもの，それが豊かさです。子どもは小さいほど皮膚感覚で，美しい物とそうでない物，を感じます。本物と偽物を感じとります。高いから本物という訳でもないのです。本物って，手間隙がかかっていて，作り手の心思いが伝わってくるものですよね。プロのように上手でなくても，大好きな先生が子どもの顔を思い出しながら，材料を集め手間隙かけて作ったものは，本物ですよね。

見立て：もう一点，道具を見立てで使う時は，吟味しましょう。その感触，形，色，接触した時の音，などが，その見立てに相応しいかどうかが大切です。

　見立て遊びは，物の概念を知る遊びです。物の特徴を捉え，大きな分類のどこに入るかを知っていく，思考の基本となるものです。「りんご」を見立てる時，どんなことを考えますか？赤い（黄色い）・丸い・柔らかくはない・硬いともいえない・酸味をおびた甘さ，などです。そんな概念の共通点があるものが，見立てになりますよね。

本物を使う：ただし，２歳までは，できるだけ本物を使いたいものです。見立ては３歳からでも，充分です。食べ物や植物，生活の道具など，本物を使える時には本物を使いましょう。本物を知らなくては，見立てになりません。今の時代は，食べ物一つ，丸ごとを見たことない子がいっぱいいます。本物を体験したことがある人にとっては，優れた芸術作品であれば，それらの触感・匂い・味などが蘇ります。しかし本物に出会ったことのない人にとっては，それは蘇りようがないものです。「オニヤメズールイヤ」では，本物の大根を鬼に渡しましょう。テーマ遊びで，おいも堀をする時，茶色の布の畑には，本物のサツマイモをひそませましょう。最後には，本物の焼き芋を食べましょう。もちろん，本当のお芋堀ができれば一番です。その後の，見立て遊びでは，子どもたちは何をお芋として，ひそませるでしょうか？ワクワクしませんか？

初めて出会う時に，本物に出会わせてあげたいですね。食べ物，自然，遠くのものでなく，身の回りのもので良いから，できるだけまるごとの生の体験をさせてあげてください。

4 わらべうたとテーマが，しっくりつながったかは，それぞれの感性の違いで色々な意見が出てくるかもしれません。そんな時は，何故良いと思ったのか，何故良くないと思ったのかを，皆で考えましょう。特に良くないとされた時には，テンポ・声の高さ・しぐさ・設定・小道具などの改善によって，良くなるのか？言葉かけ・表情等の改善で良くなるのか？それらを，変えてみてから「わらべうた」そのものが，合わないのかを検討してみましょう。様々に試す中で，より良い「わらべうた」を思いつくかもしれませんよ。

4 テンポは，どんな時にも大切な問題です。特にテーマ遊びの時には，想像や創造の世界の中で歩いたりしぐさをしたりするのですから，様々なテンポが出てくることがありえます。でも，極端な速さや遅さは混沌を生み出し，心地良いテンポに戻れなくなります。時に速かったり遅かったりしたとしても，それはいつも，最も心地良い速さに戻っていく，収束感・満足感を体感するためです。回復力です。興奮したまま，気落ちしたまま，呼吸や脈拍を乱したままで，遊びを終えることは，子どもの心も身体も不安定にさせます。どんな乱れの後にも，いつもの状態に戻れる体験が，冒険心や挑戦欲を生み出します。

（1） 各テーマの実践例

ア　お米を炊いて，ご飯を食べる（「コメコメ」）

　大籠を前に置き「コメコメ」を遊びます。10回くらいで「お米がきたきた」とおはじきを籠に出し，また10回くらい唱え，おはじきを出します。

　数回そうして，いっぱいになったら，「お米がいっぱいきた。ごはんつくろうか」と赤い大布を炎のように置いて「火もちょうど良い具合になってるよ」とその上に籠を置き，「なべなべ」と歌いながら，揺らします。子どもたちも一緒に揺らします。

　「火が弱い」「火が強い」などと，揺らし方を変えたりし，「炊けたかな？」「まだまだ」「いい匂いがしてきた」などと会話をしながら揺らします。

　最後に，「炊けたよ。みんなで食べよう」と，横に置いてある小さいカップや籠などをそれぞれが自分で取りに行き，取ってきておはじきをよそってきます。その後，皆で座って食べます。よそうための，大スプーンや一人ずつの小スプーンなども，用意して置いておきます。

　但し，大人が配ったりしません。大人は，自分がモデルとなって，籠を取り，おはじきを掬い，スプーンを取ってきて食べます。気がつく子は，真似してそうします。気がつかない子は，次の遊びの時まで待ちます。何回か遊んだ後でも，気がつかない子や，わざとしない子には，「あら，手で食べるの？炊きたてで熱くない？」などと，声を掛けます。

　食べ終わったら，「あーおいしかった。ご馳走さま」といってスプーン・籠・おはじきを，もともと置いてあった場所に戻します。気がつく子は，同じように真似します。しない子には，「あら，食べ終わったら，スプーンどうするの？籠は？おはじきはどこだっけ？」と聞きます。片付けは，最初から習慣づければ，ごく自然に片付けるようになります。片付けは，分類する，というとても知的な作業の一つです。

イ　凧をあげる（「たこたこ」）

　大判のハンカチや　その大きさの布を，多種揃えて（人数の1.5倍〜2倍）きちんと4つ折にして重ね，籠や美しい菓子箱などに入れて，皆の前に置きます。

　中から好きな布を選んで（選んでるのがわかるように）「わー，今日はいい天気，凧あげしようっと」といって，布をもって振りながら，「たこたこ」を歌い続けます。屈んで下からだんだん上まで行き，手いっぱいになったらその場で跳んで，もっと上に上げる風にします。

　目いっぱい，とんだら「あ！風がきた！ヒュー」とハンカチをとばします。「あー良かった。破れてなかった」と，また下から上に振りながら歌います。繰り返して「何処まで上がった？私は屋根より高かったよ。県庁の上までとばそう」などと，具体的な高い目標を皆で言い合い，遊び続けます。何日でも，それだけでも充分遊べますが，もし続くようなら，「今日は，連凧にしてとばそう」と皆のハンカチをつなぎ，自分の凧の布をもって，つながって歩きつつ歌います。長すぎる時は，2つや3つのグループに分けてつなぎます。

　充分遊んだら「楽しかったね。今日は海の上まで行けたね」などと話しながら，片付けます。ハンカチの4つ折の仕方を教えて元通りに箱に返します。毎回同じように，「こことここをもって，2つに折って，今度はこことここをもって，2つに折って，箱（籠）に入れます」といいながら，して見せます。しかし，こどもは器用な子もいれば，不器用な子もいます。キチンと美しく片付けることを，目標にしつつも，こだわらないようにしましょう。まずは，箱に返し，次はとにかくハンカチを畳む。次は4つ折。最後は4隅を揃える。とだんだん上手になるのです。片付ける意志を持つことが大切です。ゆっくりと，待ちましょう。特に不器用な子は，丁寧に教えてあげても，頑張ってもうまくいかない時は，さりげなく後できれいにしておきます。「○○ができたね」と共に喜ぶ，などと根気よく待ちましょう。

　「自分はできない」という意識や「出来なくても良い」という意識を，持たせないように‼

ウ　お祭りに行く（「こんこんちきちき」）

　大小の布，シフォンなどを多く用意しておきます。「今日は○○さんのお祭りだから，おしゃれして行こうかな？」と大人が布で飾ります。「これきれいだから，スカートにしよう」と腰に巻いて結んだり，「ちょっとおしゃれに」とハンカチやシフォンなどを，首にネッカチーフ風に巻いたり，手首に結んだりします。

　大人はやることを，言葉に出していいます。子どもはそこからヒントを得て，自分で着飾り出します。様子をみて，子どものしたいように，結んだり，挟んだりして，手助けましょう。ある程度できたら，「始まってしまう。出発しよう」と「こんこんちきちき」を歌い出し，いっぱい練り歩きをします。ついたら「お参りする？」と簡単にお参りをします。その後，出店のお菓子などに見立てた物を，買ったりします。「こんこんちきちき」で帰り，片付けて終わります。ここでも，様々な布を使い，片付けます。大布などは，やり方をみせたり，ちょっとお手伝いを頼んだりすると，大布を畳める大人に憧れる子もいるかもしれませんよ！

エ　泣いている赤ちゃんを寝かせる（「ぜんぜがのんの」）

　「あら，赤ちゃんが泣いてる」人形を抱いて「どうしたの？ねむいの？ねんねしょうね」と「ぜんぜがのんの」でゆっくり歩きながら歌います。「もう泣いてる赤ちゃんはいないかな？」というと，大抵何人かの子は，人形に話しかけ抱っこしてついて来ます。練り歩き，少しして「寝た？」ときいて，子どもたちが，「寝たよ」といえば，用意したお布団，または布団に見立てた布に寝かせます。上から，掛け布団または，見立てた布を掛けてあげます。「まだ寝てない」と　いうなら，「じゃ，少し涼しい所にいこうか？」などと場所を変えて歌い歩きます。遊びに加わった子どもの赤ちゃんが皆寝たら，終わり。「静かに寝せてあげとこうね。向こうで遊ぼう」と他の遊びに移ります。「もう，起きたよ」と連れてくる子がいたら，もう一度寝せるように，「ぜんぜがのんの」にするか，おむつを替える，お風呂に入れる，などの，次の遊びにつないでも良いです。

鑑賞：文学(語呂合わせ・詩)／こもりうた

《音楽と文学》＝子どもへのプレゼント

　音楽と文学は，兄弟，というより，夫婦や相棒かもしれません。

　「わらべうた」をすればするほど「語呂合わせ」や「文学」の必要性を感じ，「わらべうた」と共に子どもたちに鑑賞としてプレゼントしたくなります。一方，昔話の語りや素話を本気で子どもたちに話している方たちは「わらべうた」の必要性を感じて，お話会などで遊ぶために，「わらべうた」を学びに来られます。

＊「わらべうた」と「昔話」は，伝承ということが共通点です。繰り返し語られる，繰り返し遊ばれることも共通点です。その民族の自然や風俗や文化などと，そこから生まれた価値感や習慣，考え方が含まれていることも共通点です。

＊遊ばせ遊びは，３回して１回分，ということを話した時（１回目＝なんだろう／２回目＝へーこうなんだ／３回目＝次はこうなるよね），昔話も，３回繰り返して話の落ちがつくと教えられ，納得しました（「３枚のお札」の御札／白雪姫も３度目の毒リンゴで死ぬ／３匹の子豚，など）。

＊「わらべうた」と同じように，「語呂合わせ」や「詩」にもリズムや掛詞の面白さがあります。ただしそこに，物語性が入ってくることが，違います。この物語性こそ，後の文学への大きな道案内をしてくれます。そしてこれは，幼児の集団遊び「わらべうた」の世界をより豊かに羽ばたかせる種となってくれます。

＊「語呂合わせ」「詩」「こもりうた」の鑑賞の世界は，言葉だけでも豊か

ですが，様々な美的な小物を用いることで，より豊かに想像を拡げることができます。またそれらの美的な小物は，子どもたち自身が「語呂合わせ」や「詩」「こもりうた」を再現する助けにもなります。

（1） 詩「こんこん小山の小兎は」を 語ってみましょう

> こんこん小山の小兎は　なぜにお耳がなごござる？
> おっかちゃんのぽんぽにいたときに
> 長い木の葉をたべたゆえ
> それでお耳がなごござる。
> こんこん小山の小兎は　なぜにおめめがあこござる？
> おっかちゃんのぽんぽにいたときに
> 赤い木の実をたべたゆえ
> それでおめめがあこござる。
> 　　　　（なご＝長い　あこ＝赤い）

A　実践1

次のように声に出して，色々な読み方をしてみましょう。
- a）ア　全文をつないで読む　イ　一段ずつ区切って読む
  - ウ　字間の空いた所を全て区切って読む
- b）ア　高めの声で読む　　　イ　普通の高さの声で読む
  - ウ　低めの声で読む
- c）ア　速く読む　　　　　　イ　普通の速さで読む
  - ウ　ゆっくり読む
- ＊自分が一番すきな組み合わせを決めましょう（言葉の切り方・声の高さ・読む速さ）。

B　ポイント1

　頭の中で想像することと，実際に声に出してみることは，かなり違います。とにかく，異なる読み方を，自分の声でしてみましょう。

　そして，自分の好きな読み方を決定し（a切り方／b高さ／c速さ），練習しましょう。

A　実践2

　a）2人の人が，一番好きな，読み方で発表しましょう。

　　　聞く人は，「印象・心の動き・連想・色あい」などをそれぞれに記録しましょう。

　b）2人ともに，語り終わってから，語った人は，どんな読み方（a／b／c）をしたかを，発表しましょう。聞いた人は，どう聞こえたかを，言葉でできるだけ具体的に伝えましょう。

B　ポイント2

　どちらが正しいかを，決めるのではありません。

　どちらが上手かを，決めるのでもありません。

　語り手と，受け手とが，それぞれの思いや印象を，言葉で交換することで，参加した一人一人が学ぶためです。

（その詩に対するイメージを，より明瞭に，より具体的にすること。a／b／c，それぞれの違いが，聞く人にどんな印象を与えるかを知ること）

A　実践3

　最後に全員，一人ずつが，自分の一番すきな区切り方・高さ・速さで読みましょう。

B　ポイント3

　聞いて批評することは，簡単です。でも，実行することは容易ではありません。必ず，今学んだことを参考にして，全員が語りましょう。いざ声に出してみると，自分の中のイメージとずれていることが多々あります。

子どもの前でする前に大人の前でしてみて，自分のイメージを明確に表現する練習をしましょう。子どもの前では，最高のものをプレゼントできるように！

A　実践4

　次の会の時は，小道具や人形などを使って，語ってみましょう。

　それぞれの小道具や人形の印象，動きと，声の相性など，皆で出し合いましょう。

B　ポイント4

　道具や人形を使うと，動きが出てきますので，その動きと言葉の連動が必要となり，素で語る時とは違う語り方，違う言葉の切り方などになるでしょう。声の高さも，視覚から入る印象との相性もあり，変わってきます。

　＊素で語った時のように，使う道具や人形が，どんな印象か，その動きが言葉と合っているかなど，互いに見合って，感想を出し合いましょう。そして，良い道具や人形は，お互いに共有し合って，より多くの子どもたちにより良いものをプレゼントしましょう。

（2）　ぐるぐる話「女の子とスカート」をしてみましょう

女の子とスカート	シャベルと泥	もの干しとズボン
スカートとボタン	泥と靴	ズボンとスカート
ボタンと穴	靴と靴下	
穴とシャベル	靴下ともの干し	

A　実践1

絵を描いたカードを一組用意して，舞台となる布を用意しましょう。

---

①布を広げます。　②言いながら置きます。　③指しながら言います。

④取りながら，言います。

⑤置いてあったカードの場所を指し示しながら，言います。

⑥布をたたんで片付けます。

一人が皆に見せます。その後3回同じ方法で繰り返します。

その間に，皆はできるだけ覚えて，自分はどうしたいかを考えましょう。

B　ポイント1

勉強会のリーダーでも良いですし，お当番でも良いですし，希望者でも良いですね。

誰か一人が，用意をしてきて，とにかく実践してみましょう。

言葉は覚えてしましょう。余分な言葉を付け加えたり，はしょったりは，しません。

1回目は，子どもに見せるように，何の予告もなく，皆に見せましょう。

その後で，皆もそれを実践することを予告して，後の3回をしましょう。

A　実践2

それぞれの動作を考え，工夫をして，全員が実践しましょう。

様々な試みを見た後で，皆で，最もシンプルな形を探しましょう。

---

①布を広げて舞台を作ります。

　布をどのように広げますか？

　その時，カードはどうしていますか？

②カードを一枚ずつ，いいながら置きます。

　布の大きさとカードのバランスはどうですか？

カードはどこから置き始めましたか？手前から？先から？

カードはどっちまわりで，置きましたか？時計まわり？逆時計まわり？

カードの円の形はどうでしたか？それぞれのカードのバランスは？

出す前のカードは，どんな風にもっていましたか？

言葉と，カードの動きが，一致していましたか？

③一枚ずつ指しながら，言います。

指す手は，カードの邪魔になっていませんか？

④一枚ずつ取りながら，言います。

取るタイミングと言葉が，一致していますか？

取ったカードは，どんな風にもちましたか？

⑤置いてあったカードの場所を，指し示しながら言います。

指す場所が正しく，さっきまで，そこにあったカードが見えましたか？

⑥布をたたみ片付ける行為は，初めに出した時と，関連がありますか？

B　ポイント2

①布は舞台です。特別な空間と感じられるように，美しく威厳をもって広げましょう。

布のたたみ方を工夫しましょう。折り目をどこに置くかで，複雑になってしまいます。

カードが，見えてしまうと，何が始まるか，というワクワク感が減ってしまいますよ。

②＊布の大きさとカードのバランスが窮屈でなく，広すぎもしない空間。

＊カードの絵が，見えやすい色と大きさの布。

＊カードは，置く人の手前真中から，時計まわりで置きます。

子どもの方から見たとき，この動きであれば，「始まり」と「戻り」

が感じられます。

　元に戻る（ぐるぐる話）というこの話の面白さが，視覚的に感じられるようにします。

　夫々の話や語呂合わせのおもしろさが，どこにあるのか。それを，よりはっきり見せることが，大切です。

＊円が，美しくバランスよく並べられると，全体が一つに見えて，自然にぐるぐると話がまわっていきます。同時に一つずつのカードも，より鮮明に見えてきて，子どもの中に，映像として残るでしょう。

＊はじめに，カードが出てくる時，次に何が出てくるかの楽しみがあります。次のカードが見えていたら，そちらに気を取られる子どもも出てきます。

　今，語っているカードに，子どもが自然に集中するように，言葉とカードの動きを一致させて，全体が音楽のように，心地良い速さで置いていきましょう。

③繰り返しの法則です。出した時と同じ速さで，一枚ずつ指しながら，語りましょう。

　＊カード一枚ずつの世界を，壊さないように，決してカードの上に指を置かない。しかし，どのカードを指しているか，はっきりとわかる位置を指します。

　＊指す手が，できるだけ他のカードをふさがないようにします（特に今から指すカード）。

　　子どもの中では，一度ぐるりと戻って，もう一度の感覚が既にできています。先のカードが見えないと，心の中での動きを邪魔してしまいます。

④繰り返しの法則です。出した時と同じ速さで，一枚ずつ取りながら，語りましょう。

＊語りの言葉に従って，見ている子どもたちが心の中でカードを一緒に取って行けるように，取りましょう。

＊「女の子とスカート」といった時，どのカードを何処で取りますか。「スカート」という時に，「女の子」を取ります。「スカート」を取ってしまうと，次の「スカートとボタン」という時，スカートがなくなってしまい見ることができません。

⑤まず，各カードの形・色合い・好きなところなど，指す大人自身が見えてますか？

　見えなくなった後にも，見えることを内聴と呼びます。本来は，音楽が実際になっていなくても，心の中でその音楽を実感できる力を，こう呼びます。でも，聴覚だけでなく，全ての五感（視覚・嗅覚・味覚・触覚）が同じように，体験した感覚を呼び覚ますことができます。これは，人間に与えられた大きな能力です。この，見えなくなった後に，呼び覚ますという一つの行いを，大人が見せるか見せないかは大切です。人間としての大切な能力を得るか得ないかの大きな分かれ目です。見たもの，聴いたもの，感じたものを自分自身の財産として残していく力です。この力は，生きていくのにとても大切なものです。単純に想像力と呼ぶ以上のものです。

⑥布をたたんで片付けるのが，初めに出した時と，丁度逆な動きである時，子どもは落ちついて，終りを感じるでしょう。物事は基本的に，逆の形で戻るのですから。

　拡がる時と，閉じる時とが，まるで違う動きであれば，子どもの中では，はじめの布と終った後の布が，別の布に感じられるでしょう。

次の勉強会で，それぞれが自分の「女の子とスカート」のカードと布を用意して，実践しましょう。

B　ポイント3

それぞれの「女の子とスカート」を，お互いに楽しみましょう。

自分の思いつかないような，色合いや語りなどを，互いに吸収し，次の機会に役立てましょう。

他の「ぐるぐる話」をお互いに見せ合って，練習しましょう。

（3）　語呂合わせ「しんこう寺」 をしてみましょう　➡実践

> しんこう寺　じょうとく寺
> あとから　とっくり
> とっかん寺

A　実践1

＊お手玉を3種類用意します。お手玉を入れる，同じ器を2つ用意します。

左右に器を一つずつ置いて，片方の器にお手玉を移していきます。

言葉を唱えながら，一つずつ取り上げて次々に隣に並べていき，（「寺」の時に置く）もう一方の空の器に移します。

＊1人の人が，次の比較する2種類を皆に見せましょう。

見ている人は，アとイの印象がどう違うか，言葉でいいましょう。

①子ども役から見ていて，どちらが自然に見えましたか？

　ア　する人の，右の器から始める　　　　　イ　する人の左の器から始める

 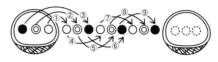

②その時，左右どちらの手で，お手玉を動かした方が，自然に見えますか？

　ア　右手で動かす　　　イ　左手で動かす

③見たあとの印象は，どう違いますか？

　ア　「一方から一方へ」で終わる

　イ　「片方から一方へ行き，元に戻る」で終わる

B　ポイント1

これも，誰か一人が準備をし，皆に見せましょう。

①日本語の文字は，横書きにする時は，左から右に書きます。ローマ字も
　楽譜も同じです。その感覚は，ずっと続く感覚ですから，しっかりと
　「左から右」へと進む感覚を育てましょう。見せる大人は，その自然の
　感覚と逆の動きになりますから，それはしっかりと意識して練習して，
　美しい動きにしましょう。

②利き手の問題もあり，自然であれば，どちらでもかまいません。

③一方向のみで終わるよりも，往復で終わるほうが，落ち着きますよね。
　片方に行きっぱなし，でなく，行って帰って，が一つの物語が終わる感
　覚です。

　＊この「始まりと終り」は知的に大切な感覚で，わらべうたの集団遊び
　　では，この感覚を大切に，限りなく繰り返します。

　＊もし，一方向で，何度かするとしたら，毎回お手玉の入った容器を右
　　に移動させて始めることになり，言葉を伴わない余分な段取りが出て
　　きます。

　＊もし移動させずに，左から始めるとしたら，2種類（右から左・左
　　から右）の遊びを，一度に見せたことになります。しかし，乳児にと

っては２種類という把握はできず，毎回似てるけど何か違うことを見たと感じられるでしょう。わらべうたの特徴である途切れることなく繰り返される言葉と動きの心地良さが，生まれにくくなります。

A　実践２

実践１で，良いと思ったやり方で，実践をし，見てみましょう。

見ていて，何を感じましたか？何が，見えてきましたか？

今までの，「こんこん小山」や「女の子とスカート」の世界と，異なる世界です。

B　ポイント２

*皆に見せる人は，基本となる動きが無駄なく自然にできるように，練習をしましょう。

*これも，「こんこん小山」のように，言葉だけで聞かせることもできます。

*あえてお手玉３つを使って，見せながら唱えるのは目的があるからです。

大切な事は，言葉が同じ速さで唱えられる事と，お手玉の動きです。

①しんこう 寺　②じょうとく 寺　③あとから ④とっくり　とっかん寺

|　|　|　　|　|　　　|　|　　　|　|

取る　置く　　取る　　置く　　　　　　取る　　　置く

（１つ目）　　　　（２つ目）　　　　　　　（３つ目）

お手玉を動かすタイミングは，上記のように，３番目の前は言葉だけになり，３番目のお手玉が，ちょっと強調されます。

*２拍ずつが，４つの形（①②③④），

①　②　③　④

西洋音楽でいえば　a　a　b　a'

最も基本的な音楽の形（３番目で何かが起こり，４番目で元に似た形で収

まる）になっています。人の感性にとって，最も自然で心地良い形なのだと思います。
＊このような形になっているために，３の数が強調され，お手玉の３つというものが視覚的にとても印象として残ります。

A　実践３

　皆が，順番に，実践しましょう。大切なものが，見えてきますか？
　終わってから，どんなことを感じたか，問題を感じたことはなにか，などを話し合い，最もシンプルな形を，探しましょう。

B　ポイント３

　それぞれに，実践をして，より美しくシンプルにできるようにしましょう。
＊この遊びは，「しんこう寺　じょうとく寺　とっかん寺」と３つのお寺の名前の遊びです。それを，視覚的に見せることで，「３つ」という数の様々な感覚を感じてもらいます。
＊１・２・３という３種類の数がただの字でなく，順序・長さ・高さ・幅・量・時間をもっていることを，見て，体感し，それを楽しんでもらいましょう。もちろん，３つのお手玉とお寺の名前が，途中で入れ替わるなんてことは，絶対してはいけません。（p.139を読みましょう）

（4） こもりうた 「ねんねこせ，おんぼこせ」
（『まめっちょ1』 №.89） 歌ってみましょう

　こもりうたは「寝かせ歌」。こどもの心を身体を，静かに整え，安心と心地よさの中で眠りを誘う唄です。眠らなかったとしても，ざわついたり，ふわふわしたり，イライラしたりしている心と身体を，ゆったりとした心地に整えてあげる助けになるでしょう。

　「ねんねこせ，おんぼこせ」の歌は，そんなに難しくなく，しかもゆったりとしたメロディーですし，何より，うたの中で名前を呼んであげられるのが，一番です。

　誰でも，自分の名を呼ばれるのは嬉しいものです。ましてや，歌の中で呼ばれると特別な感じがして，多くの子が「ニコッ」とします。初めての出会いも，そこで名前を呼ばれると心の距離が縮まる感じがします。何回歌ってもらっても，やっぱり嬉しいものだと思います。是非，覚えて歌ってください。

A　実践1

①どんな速さで，歌いますか？

　ア　普通の速さ　　イ　速く　　ウ　ゆっくり

　＊自分自身にとって，一番心地良い（眠気を誘う）速さを見つけて，歌い合いましょう。

②どんな高さで，歌いますか？皆で3種類の音から，歌い始めてみましょう。

ア　楽譜通りの高さで（𝄞第一線）

イ　楽譜よりも高めの音で（𝄞第二線）

ウ　楽譜より低めの音で（𝄞下第一線）

＊自分自身にとって，一番心地良い（眠気を誘う）高さは，どこでした
　か？

B　ポイント1

①一番大切なことは，速さでしょう。知っておくべきことは，乳児の脈拍数
　と呼吸数がほぼ大人の倍の速さだということです。機嫌が悪かったり，眠
　らなかったりすると，大人はついつい，大きな動きで速く歌って，なだめ
　ようとします。でも思い出してみて下さい。

　　私たち自身，興奮した時には，呼吸や脈拍が速くなりますし，声も大き
　くなります。それに重ねて，大きな声，大きな動きで歌っては，より興奮
　してしまいます。治めるためには，逆にする必要があります。

＊まず，歌う私たち自身がゆったりとした心持ちになって，歌いましょう。

＊自分自身が，心地良い速さを知りましょう。それは，自身の脈拍や呼吸
　を落ち着かせるのに，良い速さです。それは，ほぼ倍の速さの呼吸や脈
　拍の乳児にとっても，落ち着く速さに近いものです。その速さより，少
　しゆっくり目の速さで歌って，子どもに微笑みをあげながら歌い，子ど
　もが心地良さを感じる速さに合わせていきましょう。「眠らせよう」で
　なく「一緒に寝よう」という心持ちで，歌いましょう。

②声の高さは，基本的に楽譜の高さが，子どもにとって一番心地良い音域で
　す。少しずつ練習して，楽譜通りの良い音域で歌えるように練習しましょ
　う。ただあまりに声が低い方は，いきなり高くは無理なので，その方の中
　で一番高く歌える高さを確かめて，その中でゆったりと歌えるように，練
　習しましょう。

　　音域の高い方も，正確に全てが高い音域で歌える方以外は，楽譜の音域
　で歌いましょう。こもりうたは，演奏用の歌ではありません。大きな声で
　歌うことは，ありえません。お腹の底から，静かに声を出し，語るように

歌いましょう。子どもにとっての心地良さを，最優先にしましょう。

A　実践2

①歌いながら，どんな動きをしますか？どんな心持ちになりますか？

　　ア　抱っこして揺らす　　　イ　抱っこして自分の身体を揺らす

　　ウ　抱っこして背中をトントンする

　　エ　抱っこして自分が揺れながらトントンする

　　オ　抱っこして何もせず歌う

　　＊大人同士では，抱っこは無理です。代わりに，子ども役は大人役の背中に身体を委ねて，おんぶされる形で，歌ってもらい，体験してみましょう。

②横になっている子に，歌う時，どうしますか？

　　ア　トントンする　　　　イ　手を置いておく　　　　ウ　ゆっくりさする

　　エ　何もしない

　　＊実際に横になって，してもらいましょう。

　　＊歌う時，子どもの何処に座るのか，色々試してみましょう。

　　＊横に寝転んで，同じことをすると，どう違いますか？

B　ポイント2

①アイ

　　子ども自身を，安定感を保ってゆったりと揺らすのは，とても難しいことです。子どもは動かさず，自分自身の重心を移す，できるだけ小さな動きにしましょう。

　　子どもは，小さな身体です。ほんの小さな動きも，感じることができます。大きな動きより，小さな動きを感じようとする時には心は内向きに向かいます。それは，発散より，静かな集中力をうみ，心を落ち着かせる助けになります。

　　ウエ

　　背中をトントンは，とても一般的に行われています。しかし，多くの人

達は，かなりの強さで叩いています。心地よさを助けるためのトントンだとすれば，ほんの小さな動きで充分です。また，揺らしとトントンと，2つの動きを入れると，その微妙なズレがかえって歌の心地良さを邪魔するのではないでしょうか？揺らすのか，トントンするのか，どちらかにしましょう。あなたは，どちらが，好きですか？落ち着きますか？眠くなりますか？

オ

揺らしたり，トントンされなくても，抱かれたりおんぶされて，優しい歌声が聞こえれば，それだけで充分な子は，いっぱいいるのではないでしょうか。

②アイウエ

抱かれずに，横になっていると，また違う感覚があります。一つずつ，試してみましょう。お互いにどう感じたか，出し合いましょう。

A　実践3

新しいこもりうたを歌いましょう。 楽譜から，どんな風に新しい歌を，歌いますか？

①リズムはどうですか？

こもりうたは，意外に細かいリズムから，長いリズムまで様々あります。色々なリズムがない，易しいものから，練習しましょう。

②音はどうですか？

音域も広く，音が遠くにとぶものが，結構あります。音があまりとばない，易しいものから，練習しましょう。

③同じメロディーの繰り返しはありませんか？

リズムが少し違っても同じメロディーのものは？そんな歌は，覚えやすいですよね。

B　ポイント3

　正しく譜読みをするのは，努力が要ります。易しいものから，少しずつなれましょう。集まりのたびに毎回，少しずつすると負担になりません。

ア　先ず，リズム読みから，始めましょう。

　＊誰か一人が，木魚か小さな太鼓で，静かに穏やかに拍をずっと叩きましょう。

　それに合わせて皆はリズムを読んだり（リズムの名前・またはパパで歌う），リズム叩きをしましょう。スムーズにできるように，繰り返しやって　みましょう。こもりうたとして歌う時はゆっくりですが，譜読みの時は，普通の速さでします。

| ター　　┌┐ティティ　♩ターアー　⁊スン

（この4種類は名前でしましょう）

|.♪ ターンティ　　♪|♪ ティターティ

┌┐ティーティリ　┌┐ティリティー　┌┐┐ティリティリ　ℽ♪スティ　ℽ┐スティリ

　＊できるようになったら，今度は皆が拍を叩きながら（両手で膝を静かに叩く）「パパ」でリズムを歌って見ましょう。

イ　ソルミゼーションがわかる人がいたら，教えてもらって，拍を叩きながらソルミゼーションで歌いましょう。

　ソルミゼーションがわからない時は，歌える人に歌詞で歌ってもらいましょう。それも，無理な時は，ピアノを静かに弾いて音をとりましょう。

　先ずは，正しい音とリズムで覚えましょう。

　音の種類が多くない時は，ハンドサインを両手でしながら歌うと，随分楽に歌えます。ハンドサインでなくても，両手で，音の高低を示しながら歌うと，歌い易くなります。試してください。

ウ　だんだん慣れてくると，歌い出す前に，気づくようになるでしょう。

いつもは，リーダーがそれを探して，皆に伝え，確認してもらいましょう。こもりうたは，覚えてから何度も歌い，自分の中で熟成して，ゆったりと歌えると良いですね。子どもたちに，安心と静けさをとどけましょう。

【「わらべうた」や「語呂合わせ」の，知的な要素】

　「わらべうた」や「語呂合わせ」などは，情緒的な豊かさを強調されます。確かにそれはその通りです。しかしそれだけでなく，基礎的な知的な要素がいっぱい含まれていることを，もっと知ってほしいと思います。

＊特に，数学的な感覚を，遊びの中で体感（体験の前の身体で感じる）できる素晴らしさは，他のどのような乳幼児のための教材にもない力です。

＊乳児が物の数を「全体」として把握できるのは「３つまで」と，思われます。３つまでなら，０歳児でも把握できる，という実験の映像がありました。

　「母親の膝に座った乳児と，カーテンつきの小さな人形劇用の舞台があります。同じ人形を３体見せて，カーテンを閉め，再び見せると安心したり，喜んだり。

　しかし，再び見せる時，１体を取り除き，２体にして見せると，不安げになったり，探すように周りを見たり」という実験の映像でした。

　つまり，０歳児でも，３つという数を，全体として把握する力があるということです。

＊日本の昔話も外国の昔話も，３度の繰り返しの最後に落ちが決まるのも，このようなことでしょうか。

＊幼児の「わらべうた」は，数学の様々な基礎（序列・空間・図形・時間 etc……）を身体で体験する遊びがいっぱいです。

語呂合わせの，「１つ〜」と始まる10までの数え歌は，もちろん掛詞や語呂合わせの面白さがあります。しかし，そこに一つお手玉や，どんぐりなど，ちょっとした小道具が入ってくると，基礎である10までの数字の持つ性格，順序・長さ・高さ・幅・量・時間・組み合わせなどを「視覚」で体感できるのです。

　　幼児になったら，ぜひそれらをいっぱい見せてあげてほしいものです。

＊10を１グループとして，把握できるのは，学童になってからです。それでも，足し算引き算の，繰り上がりや繰り下がりが難しいのは，10を１グループとして把握するのが感覚的に難しいからだと思います。年中から年長にかけて，数に興味をもちだし，頭の使い方が変化してくる時期に，是非，10の数を全体として，一つのグループとして捕える，「語呂合わせ」などをいっぱい見せてあげてください。

実践曲の出典一覧表

① 『新訂　わらべうたであそぼう　乳児のあそび・うた・ごろあわせ』（明治図書）

② 『いっしょにあそぼう　わらべうた　０・１・２歳児クラス編』（明治図書）

③ 『いっしょにあそぼう　わらべうた　３・４歳児クラス編』（明治図書）

④ 『わらべうた　音楽の理論と実践』（明治図書／絶版）

⑤ 『うたおう　あそぼう　わらべうた』（雲母書房）

⑥ 『まめっちょ１　わらべうた・カノン曲集』（全音楽譜出版社）

第4章
まとめ「わらべうた」が子どもの財産となる為に

※第3章1〜10の実践とポイントの学びを全て終えてから，復習を兼ねて読みましょう。

※乳児の全体像を振り返り，幼児の集団遊び「わらべうた」に，どう繋がっていくのか，を学ぶ章です。乳児を学び終えてから，読みましょう。

① 大人である私たちは，何を心にとめて，子どもの遊びを伝えていけば良いのでしょうか？

①伝えられている遊び方を，そのまま伝えます。自分の好みに合わせて変えません。

②一度に，同じ遊びを最低３回以上はします。

　１回目「何だろう」：興味をもつ

　２回目「こうなるのだ」：認知する

　３回目「次はこうなる」：予想する（喜びとなる）

③人間の身体の，仕組みを知って，それを感じるように触り，動かします。

　・身体の中心から，だんだん外側にながれる命（息・血液・リンパ液）

　・骨格と関節：まっすぐな骨が，関節でつながって，丸くなれる身体の不思議。身体全体が，丸くなることで，命の源の脳や内臓を守る姿勢になります。赤ちゃんも，丸くなってお腹の中で育ちます。それぞれの関節をきちんと知ることは，丸くなる自然の身体をつくります。

　・シンメトリー：人の身体は対になっていることをきちんと感じるように触り，動かす。

　解剖図を見ますと，人の皮膚の知覚帯は大きく４つに分かれています。
（『ネッター解剖学アトラス原書第６版』p.162）

１）後頭部から首と右手と左手　　　　２）背中と胸お腹と腕の内側

３）腰から右足と左足の前面と足裏　　４）臀部から足の後ろ側

　これらのことから，右手と左手，右足と左足，お腹と背中，はそれぞれ知覚神経が同じ分野です。必ず一緒に触りましょう。片手でする手遊びは，片方を３回したら，必ずもう片方を３回しましょう。

　顔は，視覚的にも対がわかる部分ですから，遊び自体が対で遊ぶようにな

っています。片側だけの顔遊びは，対の感覚が身についてから＝幼児になってからすると，片側した時の不完全さ，もう一方してもらった時の安心感，と２つの面白さを感じることができます。

❷ 音楽的な美しさ

①テンポ

　基本的にゆっくりです。赤ちゃんの鼓動や呼吸は大人のほぼ倍の速さです。ゆったりとした拍で触ることで落ちつきます。

　ゆっくり歌うことで，言葉がはっきり届き，それは流れ去ることなく，子どもの心に届く語りかけになります。歌い遊ぶ大人自身も，ゆったり歌うことで，心静かに，心を込めて歌うことができますし，触る動作一つずつが柔らかに丁寧になります。

②声の大きさ，高さ

　＊１対１の遊びですから，声の大きさは　その子どもに届けば充分です。

　＊声の高さは，低くならないように気をつけましょう。楽譜の記譜の高さに近づけましょう。人間の赤ちゃんの産声は，Ａ＝440サイクルの高さだそうです。つまり，人の声帯が，その高さが出るように，作られているのです。ですから，子どもにとっても，歌う大人にとっても，その辺りの高さが自然に心地良く響くということで，楽譜はその高さを中心に書いてあります。

　＊ただ大人の場合は，声変わりで声域が変わってきますし，声帯を痛めて高い声が出ないこともあります。そんな時は無理をせず，力を抜いて，心を伝え言葉を伝えることを心掛けて歌えば，子どもには伝わります。また，音叉のＡ＝440を楽器店で手に入れ，ときどきその音をきいたり，

同じ高さで声を出してみたりしてみましょう。繰り返していると，少し
ずつ自分の中の音が，高い音に慣れてきます。

＊カタカナ表記の音がないトナエは，より，言葉が明瞭になる，リズムと
高さで語りましょう。語尾は特に，低くなったり，口の中でいったりし
がちです。不明瞭にならないように，気をつけましょう（テンポが速い
と語尾が下がり不明瞭になります）。

③リズムと音

＊わらべうたは，その遊び唄が産まれた地方のリズムや音の動きの特徴が
残っています。先ず，楽譜で確認しながら，歌いましょう。

＊標準語に慣れた私たち，と同時に，育った地方の特徴を無意識に使って
いる私たちは無意識に自己流になる危険性があります。遊んでいる内に，
変わっていく可能性があります。　丁寧に元の唄を学び続けましょう。

④拍としぐさ

＊一番大切なことは，テンポが一定に続くことです（速くなったり遅くな
ったりしない）。脱力できて，気張らず，心地良いテンポであれば自然
にテンポは一定になります。

＊拍ごとの仕草は，基本的にゆったりとした柔軟さを，保ちましょう。

＊子どもにしてあげる遊びですから，小さな動きで充分ですが，だからと
いって指先や手だけを動かすのでなく，手腕全体を肩から動かしましょ
う。そうすると，自然にゆったりとしたテンポになり，柔らかく美しい
動きになり，心地良さを提供できます。

＊皮膚に直接当たる指は指先でなく指の腹を当て，手の平を使う時は掌の
温かさを伝えましょう。

＊このように拍ごとの仕草を丁寧にすると，自然にゆったりとした一定の
テンポになります。仕草が，丁寧にゆったりしたテンポになると，美し
い声になっていきます（一定のテンポとは，機械的な同じ拍打ちとはち
がいます。遊びの中で，メトロノームを使ったり，誰か一人が，拍を取
る，などという指導は，間違いです）。

❸ 仕草を美しく，心地良さを伝えるには
しっかり安定した拍で，丁寧に触る＝これが「基本」

（1）　触る遊び

①全身（自己認知の第1歩）

　子どもは，触られることで身体の形を，認知します。まず，触る大人が力や緊張を和らげ，脱力しましょう。

　しっかりと身体の形を認知できるように，手の平全体で身体にそって，ゆっくり触ります。背・腹・胸などは掌と指とが自然に身体にそうように軽く開いて柔らかく動かします。手や足などは，その丸さが感じられるように手で包みこむように当ててずらしていきます。

②手・足　遊び（自己認知の第2歩）

　＊まず，子どもを呼びつけたりしないで，大人が寄っていきましょう。

　　・まず，お互いが自然にできるように，できるだけ正面にすわりましょう。

　＊手の指や手の平にする手遊びの時，子どもの手は何処にあるのが良いのでしょうか。

　　・目を見て，微笑んで，子どもの膝の上にそっと手を置きましょう。

　　・子どもが手を委ねてくれたら始めましょう。手をひっこめたら，「またね」と去りましょう。

　＊「やっていい？」と聞く必要はありません。聞かれれば，子どもは返事をする必要が出てきます。

　　・初めての時には何が始まるかわからないのですから，返事のしようがありません。

　　・「いい」「うん」というには，積極的な気持ちがある程度必要です。

＊快諾でも拒否でもないことが多いでしょう。そこで聞かれれば，戸惑う子もいますし，ちょっと機嫌が悪ければ「いや」といいます。

・「いや」という子にはしません。それが，大切なことです。「いや」という子に，無理にするのは，先ず第一に，子どもの意志を尊重しないことになります。同時に大人は「聞いても聞かなくても良いことを聞く」と思わせます。同時に大人は一応聞くけど「返事に関わりなく，思うとおりにするのだ」と思わせます。

＊このような時にはっきりと「いや」という子は，自分の気持ちの強い子です。そのような子であれば，「いや」といったためにしてもらえなかったことに引っかかりを残し，「いや」ということが習慣化する事もありえます。

＊逆に「いや」というのに，「そんな事いわないで」などといったら，ご機嫌取りに受取られ，甘えから「いや」という事を繰り返し，大人を試すようになる子もでます。

【言葉は，とても大切です】

　子どもは，言葉や行動によって，意思表示をすることを，学んでいます。同時にその意思表示によって，相手が行動することも，子どもは見て学びます。ですから，大人は言葉の通りに行動するか，しない時はしない理由をきちんと告げてそのように行動すべきです。そうでないと，言葉をいい加減に使うようになりますし，その前に，言葉の意味を間違えて受け止めるでしょう。

③顔遊び（自己認知の第３歩）

＊まず，互いの肌が触れ合って，受け入れる関係ができた時に，初めてする遊びです。子どもは，早い時期に顔を認識します。特に，自分の世話をしてくれる母親や父親の顔を声と共に認識できるようになります。し

かし，自分自身の顔を認知するのは，ずっと後になります。それは，顔の表面には動・静脈や神経・リンパなどが骨の上にあり，とても敏感な所ですし，人体全てを司る脳があるからです。つまり命に直結する所なので，本能的に他の人から触られるのを危険と感じるからです。あまりに早くから，顔をどんどん触られることに抵抗をなくすことは，危険に対して鈍感にさせる訓練をするようなものです。

　親の次に，子どもの命を大切にすべき保育士や教師が，命を危険にさらすような教育をしてはいけませんし，子どもの命にたいして，敏感でありたいと思います。

　その点からも，顔を触る時には，必ず他のどこかに触れて子ども自身が受け入れの体制ができてから，触るようにしましょう。

＊顔の敏感さを考えて，乳児に相応しい顔遊びと，幼児に相応しい顔遊びを，区別しましょう。乳児の顔遊びは，心地良さと顔の自己認知が大切ですから，柔らかく丁寧に，顔の各部分を感じられるような遊びを選びましょう。
（「１つの部位＝額・鼻・口」と「一対の部位＝眉・目・鼻の穴・頬・耳」）

　幼児では，顔の自己認知が終わったからこそ，面白く感じられる遊びをしましょう。

　「マニマニケムシ」のように，一対の部位をあえて片方ばかり触る遊びなどは，顔の半分を触ることで自己認知をより深め，敏感な子どもはもう片方の顔をむけてくるでしょう。ちなみに，コチョコチョは，どちらをしますか？顔と首から下の身体との神経は交差していますので，右の顔の後は左の脇を，左の顔のあとは右の脇を，が意外で面白がりますが，身体の仕組みとしては自然な流れになります。

　しかし，幼児であったとしても恐怖心や驚愕を与えるような，悪ふざけのような行為は決してしないようにしましょう。恐怖心や驚愕から，生きる力が生まれることはありえません。

（2） 見る遊び：学びの準備

　コダーイは，「音楽教育は産まれる９ヶ月前から始まる」といいました。それは，お腹の中にいる時から，耳は聞こえているからです。五感のうち，他の感覚は生まれてから開かれる感覚です。嗅覚・味覚は，母乳やミルクなどと密接につながっています。個々の赤ちゃんは，自分の母親の母乳の匂いは嗅ぎ分け，味もわかります。後には食事を通して，また日常生活の中で，それらは育てられます。残る２つの内の触覚を，「触る遊び」を先ず大切な課題として取り上げました。

　最後の一つが，視覚です。特別なことをしなくても，見ることはできるでしょう。

　しかし，「見える」と「見る」とは，大きな違いがあります。意志をもって，見る。「注視する」ことによって，それは脳につながり，それらは記憶として残り，また見る能力自体が，開かれていきます。一瞬の時間に，どれだけ多くのものを見ることができるか？それは，見る力の積み重ねによりますし，危険などからの一瞬の判断の元となります。

　幼児の「遊び」のなか，学童に始まる勉強，社会に出てから，また家庭の中でも，人は生きていく上で多くのことを学び続けていきます。その時，その学びの第一歩の多くが，「見る」という行為から始まります。「注視」という，見る行為は，生きていく上での，大きな力となります。その第一歩を，きちんと育ててあげたいものです。

（3） 身体を揺らす：歩きの準備１

　身体を揺らす行為は，４足歩行から２足歩行に進化した人間が，自分の身体を維持する為の基本的な大切な行為です。どんな動物よりも重い頭（身体との割合で）を，しかも２足で保つには，体幹＝背骨・骨盤を中心と感じること，その左右のバランスが保たれることが，大切です。それはもちろん，筋

肉の発達が必要ですし，上下左右を認知できる三半規管の働きも大切です。
　その第一歩が，身体の揺らしです。

「ダルマサン」の実践から（p.69）

ア　その中でも，まず横揺れです。寝ている赤ちゃんを揺らす時，ただ揺らすのと，身体の中心である背骨を意識してそこは動かさないように，と揺らすのは，大きな違いです。大きな揺らしは，正中線と呼ばれる身体の中心線を越えて動かすことになり，元々備わっている中心を感じる感覚をこわします。

イ　寝返りは，自らその正中線をひっくり返す行為ですから，子ども自身の力が備わらない内に大人が無理にすることは，決して良くはないと思います。子どもがし出した時に，助けましょう。それも，引っ張ったり，押したりするのでなく，ほんのちょっと，手を添えるくらいにしましょう。なぜなら，子どもは元々自分で寝返りできる力があるのですから。

ウ　頭は，大切な所です。しかも脳はやわらかいのです。ほんの小さな動きでも感じます。三半規管が直接揺らされるのですから，大きく揺らしすぎると，逆にバランスをくずします。なにより，子どもが脱力して頭を預けられる大人であることが，前提条件です。

「かごかご」の実践から（p.71）

①これは，身体全体が揺れます。しかし，その揺れが規則的で自然であれば，自ずから中心に戻る感覚が感じられます。毎回真ん中に戻るところが同じであること，揺れ幅が変わっても，戻る中心線が同じであることが大切です。布の中で転がるのは子ども自身の中心線が移動する遊びですから，正中線がしっかり感じられ，正中線越えが面白く感じられるようになってからの遊びになります。

②子ども自身が立って揺れる時，最も陥りやすいのが，大人の揺れによって，フラフラとあちこちに歩くことです。または，大人の手に身体を預けて，

足が地に着かない状態でぶら下がることです。どちらも，この遊びの楽し
さが体験できるまで，身体が発育していないということです。子ども自身
が，主導権をもって左右に重心を揺らし，それに大人が一緒になって籠と
なって揺らしてあげる。そして，最後に大人が主導権をもって「深いか浅
いか」をいって，沈める。「深い」時にはつないだ手で子どもを少し持ち
上げてから，おろしましょう。深さを感じます。「浅い」時には，そのま
ま大人が腰を落とします。そうすると，子どもの足元近くに手が来て，浅
瀬に立った感じがします。

「うまはとしとし」の実践から（p.73）

　ある程度，体幹ができた頃からでしょう。真っ直ぐ座ることができるから，
それが上下して壊れそうになるのが面白いのです。上下されても，真っ直ぐ
の背骨がそのまま真っ直ぐのままに上下する楽しさです。その真っ直ぐを自
分で保とうとする，楽しさです。ですから，揺れる度に身体がクニャクニャ
とする子は，横揺れからしましょう。

　そして，この真っ直ぐに保つ喜びを感じられるようになったら，それを持
続する楽しさを求めます。歌い続け，遊び続けてあげましょう。それができ
たら，ストンと落とされて突然に止められる，でもそのままの真っ直ぐを保
てる，という面白さ，楽しさを求めるのでしょう。

【手の握り方・握らせ方】

　自分の安全を自分が意志をもって守る第一歩として，子ども自身が大人の
手を握る習慣をつけます。普通に手をつなぐ時も，大人が一方的に握るので
なく，２本指を出してにぎらせましょう。同時に安全の確保として，親指は
上から，薬指と小指は下から，子どもの手を包み込むようにして握ります。

（４）　舟こぎ：歩きの準備２

　前屈後屈の運動です。三半規管の働きも関係するでしょう。

人間の身体が前に２つ折りになること，この柔軟性が大事だと思います。
　この動きは危険な時，人が丸くなる動きにつながります。背骨が多くの骨のつながりであって，その一つずつの動きによって身体は丸くも，真っ直ぐにもなれます（その動きは，筋肉の働きです）。腕や足の幾つかの長い骨のつながりとは，まるで違います。次の「手を振る」遊びとの違いを，体感してみましょう。

「ぎっこばっこ」の実践から（p.76）

①下半身がある程度しっかりしないと，腰からの前屈は感じられません。抱いてする時は，腰から少し斜めになるくらいで，充分でしょう。大人は手を動かして引っ張るのでなく，身体の前後運動で屈伸をしましょう。手で屈伸をしますと，その度に角度が変わったり，右と左が違ったり，と同じ動きの心地良さが失われます。また，手で屈伸をしますと，どうしても子どもの手を引っ張るようになります。それは，まだ早いのではないでしょうか？手の屈伸は幼児になってからで充分ですし，その時には毎回異なる角度だったり，強さが違ったりが，面白く感じる身体になっていると思います。

②子どもにとっての，自然な動き，これをいつも心がけましょう。

③乳児の間は，ゆっくり目のテンポを心がけましょう。

＊子どもと手をつなぐ時，子どもの何処を掴みますか？意外と，手をつながないで，手首を掴んだり，肘や腕を掴んだり，洋服を掴んでいることはありませんか？大勢で集まる時，整列させようと，上腕をムンズと掴んで子どもを引っ張っている光景にも，出会います。子ども同士が手をつなぐ時にも，手をつながず，手首や腕を掴む子がいます。大人から，そうされてるのでしょうか！

　手首を掴むのは，手錠と同じです。囚われの身を示し，子どもの意志はなくなります。前腕や上腕を掴むと，ウムをいわせぬ力が，感じられます。身体でなく，着ている洋服を掴むと，肌に触れることを，拒否してるよう

に感じます。侮辱的ですよね。お互いに，やってみてください。どんな感情が湧きますか？

　手と手をつなぎましょう。それを，至極当たり前に，しましょう。ただ，大人の手に対して，あまりに手が小さくてキチンとつなげない時があります。そんな時，２本の指を握らせて，その手を包み込むのが，よいでしょう（p.74の実践２のウ図）。

　子ども自身が，先ず大人の指を握ることで，意思表示でき，大人も，上から子どもの手を包み込み，危険から守れます。手をつないで歩く時等も，すっと２本指を出して握らせ，その上から包み込みましょう。

（5）　歩き：運動認知の第１歩

「２足歩行」は「言葉」と共に，人間が人間になってきた「礎」です。

　４足でなく２足歩行になったことで人は，手という物を獲得し，道具を使い，道具を作り出すことができ，文明が発達したのです。

　その代わりに，前述のように，アンバランスな身体となってしまった訳です。赤ちゃんの初めの歩きが危なっかしいのは，重い頭が先に進もうとするからでしょう。

　そんなアンバランスな身体を，バランス良く保つ歩きは，人間の動きの出発点です。乳幼児期の６年間をかけて，歩きの基本をしっかりと身につけて，学童期へと送り出したいものです。

「アシアシアヒル」　の実践から（p.80）

①まず，ヤジロベーのような，重心移動の歩きです。初めは手をあげ，大の
　字歩き。
　＊手足をしっかり伸ばして歩くことは，身体全体を良く感じます。また，
　　手足の付け根から指先までが，１つのものと感じられます。「なべぁおおきぐなれ」の時のように，身体全体（頭・胴体・２本の手・２本の

足）を感じることができます。

「やっこだこになって空をとぼう」と「たこたこ」で歩き回って遊んでも良いし，「あら，木にひっかかった」とその場で片足ずつ上げるくらいに揺れても良いです。

＊次に，アヒルになって，手をしっかり下ろして，向かい合わせになって歩きます。

②次に，大人について歩きます。

子どもは，何かになりきることは，大好きです。アヒルのお話は，いっぱいあります。

＊わらべうたで，アヒル歩きをした後などに，アヒルの絵本をよんであげたり，逆に絵本を読んだ後や次の日など，子どもたち自身が遊び出したら，そっと歌ってあげたり，子どもたちの想像の翼を広げてあげましょう。

③子どもにとって，大好きな大人の足の上にのって，ぴったりと寄り添って歩くのは大きな喜びでしょう。

歩く時に，足の裏全体がキチンと地について（土踏まずは，歩いてこそ出来ていきます）いることは，とても大事です。全体が同じようにつかないのは，重心が偏っているのですから，真っ直ぐな体幹が育ちません。その点で，足の裏が敏感になるように，足指も自由に使えるように，柔軟になると良いですよね。そんな力を育てる遊びです。

初めは，のる方ものせる方も，上手くいきません。落ちた時は，歩みは止めても，歌い続けて子どもがのったら歩き出すようにしましょう。そうすれば，子どもは安心して，またのる試みを続けられます。歌がとぎれれば，落ちたことが失敗と感じられ，「一からやり直し」になります。

歌い続けていれば，その流れの中にまた戻って行く感覚で，遊びが続きます。そうやって，できるだけ回数を重ね，だんだんと上手になることを，子どもと一緒に喜びましょう。

（6） 手を振る：運動認知の第２歩⇒身体認知

「手を振る」という遊びは，どんなことにつながるのでしょうか？

前述したように，人間の文化・文明の発展は，２足歩行によって，手を獲得したことによります。

人間の身体は，大きく４つの部分からできています。頭と胴と手と足です。それらが，どうつながっているのか，全体のどこに位置するのか，それを自分自身の身体で認知します。

胴体という，大きく複雑な部分から，頭と手と足は，つながっています。そして，その３つの部分を認知する事が中心にある胴体を認知することにもなります。

身体の認知には，２段階あります。

まずは，触られて知る「存在」。次は動かして知る「機能」です。

①触られて知る：全身／顔遊び／手・足遊び／身体を揺らしてもらう

②動かして知る：身体を揺らす／歩き／舟こぎ／手を振る／手遊び

その後に，真似をする「模倣遊び」がきます。

そして，「模倣」こそ，「全ての学び」＝「生きる力」の基礎です。模倣をするには，「存在」を知り「機能」が使える，という基礎が必要なのです。

ここでの，手を振る遊びは「機能」を知り，それをいっぱい使います。遊びです。手と呼ばれるものは，肩から始まり，関節でつながっています。「上腕」があり「前腕」があり「手掌」という，３つの部分が各関節でつながっています。

まず，この３つの部分を「一つの手」として動かす段階の遊びです。

この後に，３つの部分を別々に動かす模倣遊びがきます。

各実践から

⑴「うえからしたから」の実践から（p.87）

遊びの中で，「肩から動かして」などといってはいけません。

肩から自然に動かしたくなる，動かさざるをえない，遊びの設定を考えましょう（美しい道具，日常の模倣，物語による想像，季節のものなど）。

様々な智恵を絞って，心と体を目いっぱい使って遊びましょう（春の花々，秋の枯葉，雪に見立てた綿，花に見立てたおはじき，栗に見立てたお手玉など）。

パッと上に散らして，自分で浴びる，拾って，また散らして浴びる。

子どもたちの大好きな遊びですよね。思いっきり高く散らす行為は，肩から手全体を使います。拍とは関係なく，無我夢中で遊ぶ時もあるでしょう。でも，歌いましょう。歌い続けていれば，動き全てが，音楽的に美しくなります。その後，または次の遊びの時に，布で遊んでみましょう。

歌がしっかり入っているので，拍にあった振りになっていきますし，夢中で遊んだ楽しさが蘇って，ただただ布を振ることが楽しく感じられます。

⑵「このこどこのこ」の実践から（p.89）

「身体を揺らす」遊びの時，大人は子どもたちにどのようにしましたか？布の上に乗り，ちゃんと寝転ぶのをまってもらったか，ころころと激しく揺さぶられなかったか，怖くなかったか，心地良い揺れだったか……。されたように，子どもは人形を扱うでしょう。

まだこの年齢の子は，お人形は物語に出てくるように，生きていると感じています。もし，その感覚がないとしたら，日頃の人形の扱いを見直しましょう。ぽんぽんと，他のおもちゃと一緒につっこんでいないか。遊ばれていない時，それぞれのお人形の座っている場所は決まっていますか？子どもに渡す時，「ぽん」と投げていませんか？人形は，字の通り，人の形です。丁寧にお人形を扱い，遊んであげましょう。

⑶「このこどこのこ」の実践から（p.90）

２人組みでの遊びです。これは，３歳の時期の遊びです。足がしっかり

として，ふらふらと動かないことが基本ですし，腕や心のコントロールが
要ります。

　成長が早く，人形のせでは満足しないような時にしてみましょう。今ま
での，ゆったりとした心地良い遊びとは少し違います。「一緒にしたい」
という友達関係を求めている，身体の発達で確実に力がついて来ている，
などの様子が見られる時には，危なくなく，楽しめる遊びになるでしょう。
と同時に，子ども同士で勝手気ままに遊びだすようになりますので，何回
か遊んだら，相手を代える，など，しっかりとルールを決めて，遊ぶよう
にしましょう。

⑷「ももや」の実践から（p.91）

　一人で布を振るのは，楽しさもあり，つまらなさもあります。想像力を
いっぱい働かせて，遊び続けたくなるような物語を提供しましょう。

（7）　模倣遊び：運動認知の第３歩／学びの第１歩

　模倣をするには，動きを見て理解する，それを再現する，という２つの力
が要求されます。こどもが，模倣を上手くできない時に，「下手ね」や「不
器用ね」で終わらせるのでなく，よく観察しましょう。

　動きが理解できていないのなら，注視が苦手なのか，身体の自己認知がで
きていないかですから，１対1での遊びをいっぱいしてあげましょう。

　再現が苦手なのでしたら，いわゆる不器用なのですから，様々な動きを繰
り返しする遊びを用意してあげましょう。

各実践から（p.95〜）

⑴「かれっこやいて」の実践から（p.95）

　子どもが膝にのってきた時，所在なげにポツンといる時，遊んであげま
しょう。勿論寒い時もしてあげて，手をさすって暖めたり，息を吹きかけ
て暖めたりしてあげましょう。

⑵「シッタラ」の実践から（p.97）

幼児から始まる，集団遊び「わらべうた」は，もしひと言でいうなら，全てが模倣遊びです。なぜなら，子どもたちが遊んでいた時，誰も解説や説明をしません。遊んでいるのを見て，真似して，加わるだけです。難しい部分は大目にみたり，ちょっと助けたり，と子ども同士が補い合いながら遊んできたのです。そこに，子どもたちの育ちがあります。何もいわず，いきなり遊び出す時，子どもたちは何だろうと，よく見ています。そして真似します。直ぐできる子もいれば，なかなかできない子もいます。でも，遊べます。遊びを重ねている内に誰もがわかり，誰もができるようになります。子ども同士でしてきたように，ちょっと大目にみたり，ちょっと助けたり，おせっかいな子が，教えたりして，いつかはできます。それで良いのです。それが良いのです。

　集団遊びである「役交代」「門くぐり」「勝負遊び」「隊伍を組んで」や「昔遊び」などの前に，「見る力」「真似する力」を育てる，模倣遊びです。何回でも，何回でも，見せてあげましょう。大人が楽しみながら，見せましょう。

　しかし，はっきりとした動きでします。鏡の前でしてみてください。一つ一つの動きの変化が，はっきり見えますか？見える速さですか？肩の付け根から手全体が一つの動きをしていますか？

　動きのたびに，頭を振っていませんか？同時に２つの動きを見せると，子どもは見にくいですよね。大人はついつい一生懸命になって，頭を振ってしまいます。身体は，４つの部分からできている事を思い出しましょう。どの部分を使っているのか，意識しましょう。何処を指しているのか（乳・頭・お腹），言葉と合致するように，きちんと見せましょう。

　この遊びは，手を動かす遊びです。そして最後に，頭をゴッツンコ！子どもは大好きですよね。

　最後の「ガッテンガッテンガッテンコ」だけが，頭が動くのです。

（8a）　ミニ集団の遊び：社会性の第1歩

①しぐさ遊び：「ドッチンカッチン」の実践から（p.100）

　横のつながりが薄くても，続けられる遊びです。でも，そこから，「2人組み」⇒「二重輪の遊び」⇒「2人組みの門くぐり」へと発展していく出発点です。1対1か1対数人で遊び，その時に「お隣の人としてみよう」などと少しずつ2人組みの遊びに移行してみましょう。

②歩き：「エエズゴーゴー」の実践から（p.102）

　「エエズゴーゴー」は，一歩ずつを確実に歩くのに，とても良い歌です。

③鬼きめ：「せんべせんべ」の実践から（p.103）

　これは，「役交代」につながる遊びです。鬼は一人ですから，鬼でない時は皆と一緒に歌って待ちます。でもいつかは鬼の役が来ることを，この遊びで経験しておくのです。

　ですから，待つ楽しさをいっぱい体験できるように，また，大人の触っていく手の動きは，子ども自身が「鬼きめ」を遊ぶ時のモデルですから，正しいルールを意識しましょう。

　逆時計まわり。当たった手の，次の手から，始める。この2つをはっきりと示しましょう。

（8b）　ミニ集団の遊び

　まさに，人間社会の特徴「群」の中に入っていく，入り口です。役交代のように，人間社会の中でのあらゆることを，わらべうたの中で疑似体験していきます。群に加わるには，身体・情緒・智恵と様々な点で自己ができていないと，難しい事がでてきます。それぞれの，集団の参加の様子をみて，補うべき所は補って，集団へと入れる力をつけてあげましょう。

①役交代：「もぐらどんの」の実践から（p.107）

　鬼とは何を表しているのでしょうか？　単純にいえば，外れ者です。昔話に出てくる，多くの鬼は，他所から来た人であったり，定住できない人であったりが，ひとくくりに「鬼」と呼ばれたのでしょう。つまり，その村や町とは異なる文化や言語をもった人たちだったのではないでしょうか？人間は理解できないもの，異質なものを，はじき出してしまうところがあります。しかし，一方でその違いを乗り越えて，共存する智恵や力ももっています。今，子どもたちの中での大きな問題「いじめ」も同じ根っこでしょう。外からの異質な人がいない時，内の中で小さな異質な人を見つけて，外れ者にします。本当は，全ての人が，何かしら人と違っているのですが。だからこそ，一人一人の価値があるのですが。

　外れ者は，ある時はつまはじきですが，ある時は英雄なのです！ノーベル賞を貰うような人々は，まさに外れ者です。だからこそ，人々のなしえない素晴らしい働きをしたり，未知なるものを発見したり発明したりできるのです。

　役交代は，そんな鬼の役が，どんどん代わっていく遊びです。鬼をしたくない子は，外れ者を，はじき出された者と感じているのかもしれませんが，役交代で遊んでいると，それは歌が終わるまでです。すぐ皆と同じところに戻れます。

　鬼をしたい子は，外れ者を，英雄と感じているのでしょう。そんな子は繰り返し鬼をしたがります。でも，歌が終れば，次の人に代わります。色んな人が英雄になれます。色々な英雄がいます。

　社会は，そういうところです。役交代をいっぱい遊んだ子は，もし，いじめられても，それがずっと続かないこと，歌の終りで皆の所に戻れることを感覚的に知るでしょう。

（9） テーマ遊び：社会性の第２歩

各実践から（p.114〜）

①ア　日々の生活の中で

　　子どもにとって，最も身近なことですが，以外と見過ごしていることもあります。一度，朝起きるところから，夜眠りにつくまでのことを，逐一皆で書き出してみましょう。それをすることによって，一人一人の生活が見えて来たり，問題点に気がついたりするかもしれません。

　イ　季節の自然と行事

　　・季節に関しては，お天気／お日様／お月様／風／雨／雪などの「自然」

　　・花や植物／動物／虫などの「生物」

　　・正月／節分／お雛祭り／端午の節句／お盆などの「行事」

　ウ　季節のお祭り

　　季節の祭りは，各地方，各地域で，把握しておきましょう。

　　・恵比寿祭り／収穫の祭り／祇園祭り／年送りの祭り，など

　エ　家庭や家族の特別な行事

　　横のつながりが，薄くなったこの時代。家族の間での行事も減ってきているのでしょうか？

　　・お正月／お誕生日／お盆／祖父母の還暦や古希祝い，など

　　・休日の家族での買い物や／旅行／観光，など

　　　子どもたちの，おしゃべりの中から，ヒントをえられると，良いですね。今の時代，自分の誕生日はまだ知っていても，親の誕生日や年を知らない子がいます。生まれた日を祝うのは，根本的な存在の肯定です。大事にしてあげたいものです。

②多くは，言葉からの関連になるでしょう。「わらべうた」を遊びの中で使わなくても，遊びの前や終わったあとに鑑賞曲として歌ってあげるのも悪くないでしょう。

どちらにしても，しぐさや歩きなどの動きに合わせて歌うことが多くなるでしょう。本来の遊び方とは，異なる形で遊ぶことになる時もあるでしょう。でも，その遊びの最も基本にある，拍に合わせて歩いたり動作をする，という点がずれていない遊びであれば，子どもは受け入れて遊ぶでしょう。つい先日，「はないちもんめ」をシーソーで遊んでいた，という話を子どもから聞きました。普通の遊び方で4～5人の「はないちもんめ」はちょっと寂しくなります。でもシーソーだと，十分です。4対1など，「あがりっぱなしで，面白いよ」との感想でした。

　何でも歌えば良いわけではありません。実際に，自分たちで歌い歩き（しぐさをし），自然に感じられるかどうかお互いに感想を出し合い，検討をしてから，納得のいったものを，子どもたちに紹介しましょう。

③一つのテーマを，物語性をもたせて，子どもたちが思いを持って遊べるようにします。

　この積み重ねの上に，3歳児のファンタジー遊びが豊かになってきます。

　1つのテーマ遊びが，次のテーマ遊びにつながり，そこから次のテーマへ，と子ども自身がつないでもいけますし，大人がつないでも良いでしょう。

　たとえば，実践の例として出した4つの例も，遊び続けることで次々に，つながっていきます。

ア　お米⇒炊く⇒おにぎり作り⇒お弁当作り⇒遠足⇒山のぼり⇒川くだり

イ　凧あげ⇒連凧⇒洗濯⇒風で干す⇒物干しに干す⇒布に赤ちゃんをのせて

ウ　お祭りの衣装づくり⇒晴れ着を着る⇒お祭りの行進⇒奉納の踊り⇒帰る

エ　赤ちゃんの寝かし⇒起こす⇒おさんぽ⇒お風呂いれ⇒寝かし⇒洗濯⇒風で乾かす

（10）　鑑賞：文学（語呂合わせ・詩）／こもりうた⇒芸術・文化の入り口（社会性の第３歩）

　これは，大人が子どもにあげる，プレゼントの世界です。今から子どもたちが，生きていくこの世界の中の，最も美しいもの・尊いもの・喜ばしいもの，の「ほんの一カケラ」を垣間見る機会です。生きていくことは，時に厳しくつらいこともあります。だからこそ，人生の出発点のこの時期に，最も美しいもの・尊いもの・喜ばしいものを，見せてあげたいものです。同時に，見せる私たち自身も，美しい体験をできて慰められ心豊かに感じることができます。

＊美しいものを，日頃から見ましょう。聴きましょう。

＊よく練習しましょう。声に出します。動きをつけます。動きをつけるなら，鏡で見ましょう。道具を使うなら，様々な道具を比べてみましょう。

＊大人の人に聴いてもらい，見てもらい，感想を聞きましょう。

＊何をプレゼントしたいのかを，はっきりしましょう。

　・言葉の面白さ。音の美しさ。リズムの面白さ

　・自然の風景。行事の楽しさ

　・昔の生活や風俗，美しい道具，物語など

❹ テーマ遊びとファンタジー遊び なぜ必要なのでしょう

（1） 赤ちゃんから幼児への移行期（２歳後半～３歳）

身体の発達：人としての基礎の仕上げ／人間となっていく第一歩

情緒の発達：１対１から⇒１対社会へ

　　　　　　多くの複雑な感情を体感し（感覚的に受け止める）

　　　　　　幼児になって体験する準備

　　　　　　（感覚的に受け止めたことを整理したり言語化する）

知 的 発 達：物も自然も動物も，全てが自分と同じ世界に生きていると感じ
　　　　　　られる赤ちゃんから，物や自然や動物などのそれぞれの違いを
　　　　　　感じ，それらの名前を知ってそれらのつながりや区別を理解す
　　　　　　る，人間の世界へと，移っていく。

　このように人間の成長の段階で，思春期と共に，心身全てがおおきな変化
をとげる時期です。この変化を，しっかりと受け止めるには，赤ちゃんの世
界をしっかりと卒業する必要があります。

　テーマ遊びは，どっぷりと浸かっている日々の生活や体感したことを，思
い出し，なぞっていくことで，客観視する行為です。そうやって，自分自身
の存在や，やっていることを確認し，周りとの様々な関係を見始めているの
ではないでしょうか。

　ファンタジーの世界は，日々の生活や体感したことを元に，物語をつくり
あげ，様々なものを見立てて遊びます。また，現実では体験できない絵本や
昔話の世界を体験します。もちろん，その世界では，人間になったり，動物
になったり，花になったり，太陽や風にもなれます。３才児は，ごく自然に
人間になったり動物になったり花になったりできる，想像の世界と現実の世

界を何の抵抗もなく行き来できる，最後の年齢でしょう。

　この時にその両方の世界をしっかりと，言葉と身体と心と，全身全霊で遊んだ子たちは，幼児の世界にきっぱりと移行し，現実の世界を，きちんと見ることができるようになるようです。同時に，物語としての想像や創造の世界も，楽しむ力を身につけているように思います。

（2）「わらべうた」は音楽です

　言葉がついている歌ですから，そこには元々物語があります。物語性のあるテーマ遊びや，ファンタジー遊びによって，わらべうたが，より深く拡がっていきます。子ども達は，遊びを通して様々な場面にひたり，様々な人や物になって遊ぶ事で，わらべうたを通して，子ども達が受け継いできた，生きる喜び・哀しみ・楽しさ・厳しさ　等を受け止めていくのです。

（3）　遊びの継続を，促します

　物語の中で遊ぶことで，様々な場面や様々な設定ができ，ただの歩きが何百何千種類のキャラクターの歩きになっていきます。コダーイの言った「百枚の衣をもつわらべうた」を体感できるのです。子どもたちは，時には友達と一緒に，時にはその子一人の心の中で，一つ一つの歩きに心を込め，心を震わせて遊びます。そこには，大きな喜びや感動があり，遊びをやめようとしません。

　わらべうたの最も大きな力である，遊び続ける力を作り出してくれます。

　わらべうたを全身全霊で，遊べる幸福を，子どもたちに手渡しましょう！

付録

音楽教室のために
佐賀コダーイ音楽教室カリキュラム

① 乳児クラスの目的とレッスンの概要

【ねらい】

・触られることによって，自分の身体を識り，自分の存在を知る

・触られることと，自ら動くことによって，身体の各部分を，感覚的にわかる

・特定の大人との１対１の関係で，愛着関係を育む

・特定の数人の友達の関係で，社会への第一歩をふみだす

・愛着関係・友達関係のつながりの中から，言葉を習得する

　（教えられた言葉でなく，自分の体験から取得した，生きた言葉）

【０・１歳クラス（親子）】

（１）　45分

（２）　自由参加（教室の中で自由に遊ぶ。　大人は個人的に関わる）

（３）　内容　①自由遊び　年齢と発達段階にあった玩具の用意

　　　　　　　②遊ばせ遊び　ア　教師が見せる⇒親子でする

　　　　　　　　　　　　　　イ　教師が子どもにする

　　　　　　　③文学・ごろあわせ

　　　　　　　　（一度に最低３回いう・２週は続けて聞かせる，見せる）

　　　　　　　④鑑賞曲（一度に３回歌う・２週は続けてする）

（４）　遊びの中に内包されている要素

　　　　①自己認知（身体）

　　　　②身体の発育を促す

　　　　③言葉の発達を促す

（５）　育成を目指す力

　　　　①自分の身体を感じてわかる

　　　　②寝返り・ハイハイ・お座り・立つ・歩く

　　　　③注視・聴く・動作や言葉の模倣

　　　　④自分の意思で動く（大人が強制して動かさない）

　　　　⑤愛着関係（１対１（私と大人）の形成を助ける）

（６）　教師が，心掛ける点

①心臓の鼓動も呼吸もまだ速い。だから，ゆったりとしたテンポで，静けさを体感させる。

②声は，心地よい高めで柔らかな音色，愛情を伝えられるように歌い，語る。

③教師は，母親にも遊ばせ遊びを時々してあげ，緊張をほぐす。

④時間がとれるなら，共に育児書を読み合わせ，話し合いや悩みを話す場所をつくる。但し，母親だけでなく，ある程度子どもの発達について学んでいる人が司会として入る。そうでないと，声の大きい人・自発性のつよい人・自己主張の強い人が流れをつくり，異なった方向に導く可能性がある。

〈参考図書〉

・『人格の土台をつくる子育て』 村本邦子・窪田容子著，三学出版

・『子どもの叱りかた』村本邦子・津村薫著，三学出版

・『子どもへのまなざし』佐々木正美著，福音館書店

【２歳クラス（親子＋ミニ集団）】

（１）　45分⇒60分

（２）　自由遊びから，ミニ集団へ

（３）　内容　①自由遊び　年齢と発達段階にあった玩具の用意

②遊ばせ遊び　ア　教師が子どもにする

イ　親子でする

ウ　子ども同士でする

エ　ミニ集団でできる　わらべうた（鬼きめ・しぐさ遊び）

③季節の行事などテーマをもった遊び（製作なども入れる）

④文学・語呂合わせ（③との関連もあり）（３回以上を２週は続ける）

⑤鑑賞曲（③との関連もあり）（３回２週）

（４）　遊びの中に内包されている要素

①自己認知（身体・私とあなた）

②模倣による身体の発育（歩き・運動の発達）

③会話の発達を促す

（５）　育成を目指す力

①立つ・歩く⇒登る・降りる⇒歩く　②自分の生活の認知による模倣

③見立て（概念）　④自己認知（私と仲の良い友達）

（６）　教師が心掛ける点

①遊ばせ遊びは，やはりゆったりと。声は高めで柔らかく。子どもとの，心の会話を大切に。

②母親から，少しずつ離れていく時期。しかし見える範囲に母親がいる事は大事。母親自身

が，その状況を受け入れるような体勢を助ける。

③歩きの基本となる体幹を育てる，揺らす・揺れる遊び，模倣・しぐさ遊びなど，子どもの動きに合わせて歌を添える。子どもの手足は大人よりずっと短いので，動きの時間は短く速い。しかし，まだ分離ができてないために動きが緩慢でもある。

④親子と子どもだけの遊びの割合に，少しずつ子どもの遊びを増やしていく。但し，子どもの成長に寄り添って，無理をしない。親を離れない子には，まず親の不安と緊張を取り除き，親の心が安心して子どもに向かうように援助をする。子どもにも，人形や道具を使って子ども自身の不安を取り除き，教師に対する信頼を育む。そして親子の愛着関係を助ける遊びを，伝えていく。

⑤成長に必要な遊びを，子ども自身が繰り返し行うので，それを上手に発展させるように，テーマ遊びを，取り入れる。

⑥外の世界に，興味を持ち始める時期なので，季節の行事などを取り入れて，興味の幅を広げて行く。関連して，草花・葉や実・季節の野菜など自然物での，遊びや製作をする。

＊しっかりと，触られて身体の自己認知ができている。しっかりと身体を動かせる。愛着関係ができている。言葉で，自分の意思を伝えようとする思いが育っている。

❷ 乳児クラスのレッスンの計画について

　コダーイ教育の大きな特徴の一つが，計画性です。それは，教師，大人が明確な目標や目的を持って子どもたちに接することです。子どもの成長に寄り添って，成長を促し助ける遊びを用意する事です。

　もちろん，子どもの成長には凸凹があり，またその凸凹も一人ずつ異なります。しかし，大きな流れでみると，そんなにかわりません。

　特に身体の発達においては，ある成長の上にしか次の成長がないことが多く，それが逆転したり，飛び越えてできるようになることは，ほとんどありません。

　ですから，発達の順序に従って，計画をたててレッスンを行います。

（1）　計画をたてる

　まず，知ってる遊びを，発達段階に照らし合わせて書いていくのも良し。本誌の《乳児の発達段階にそった「遊ばせ遊び」一覧表》（p.19〜）から，書き出していっても良し。とにかく年間

計画を作ってみましょう。

　次に，月間の予定を組みます。メインに是非したい曲を２～３曲きめて，初めにした方が良い曲，次の曲，後の曲と，新曲を決めて１・２・３週目に書き込みます。

　その後に，足りない分野の遊びを，埋めていきます。そうして決めたら，先ずきちんと歌を覚えましょう。覚えている歌も，確認しましょう。勉強会や，ちょっとした時に，お仲間に実際にしてみましょう。自信がつきます。

　日案は，前の週が終わった時点で，とりあえずたててみましょう。今終わったレッスンの，子どもたちの様子が新鮮な内に考えると，良いアイデアが浮かびますよ！

　また，日にちがあるので，道具の準備なども慌てずにできます。

（２）　振り返る

①まず，レッスンでしたことを，わかるようにしましょう。

　子どもの様々な状況によって，計画通りにいかないのは，当たり前です。ただ，できた事と出来なかった事を記録しておけば，できなかったことを次の機会にできます。

②レッスンが終わった日に，メモでも良いので，気づきを書きましょう。

　レッスンの中で，気になったことや，嬉しかったこと，「へー」と思ったこと，「そうなんだ」と思ったことなど，何でも良いのです。

　と同時に，一人ずつの子の顔を思い出して，一言書きましょう。「特になし」も書きましょう。

　「へー」「すごい！」「なぜ？」「腹立つ」「かわいい」「わからない」など，心に引っかかったことも書いておきましょう。そうすると，何故，そう感じたのか，子どもが何故そうしたのか，などが何かの機会に，紐がほどけるようにわかることがあります。

　それが，大切です。「？」をいっぱいもっていると，子どもがよく見える様になりますし，こどもからいっぱいの素敵なヒントをもらえます。謎が解けたり，良い回答や方法が見つかったら，赤ペンなど好きな色で，書き加えましょう。

（３）　次の計画

　それらの記録を，参考にして，次の機会に計画を立てましょう。

　それぞれの子どもの発達段階も，より明瞭にわかるでしょうし，得意なことや，苦手な事も解ってくるでしょうから，具体的な援助が考えられます。

　＊次のような，記録用紙を作っておくと，助かります。とりあえず，計画たてをしましょう！

❸　乳児クラスレッスンの計画用紙と記録用紙のサンプル

0歳クラス

	こもりうた	見せる遊び	全身触る	手・足を触る	揺れる	その他
4月						
5月						
～						
3月						

1歳クラス

	鑑賞曲・文学	全身・手足	顔遊び	模倣	揺れる	舟こぎ	歩き
4月							
5月							
～							
3月							

2歳クラス

	鑑賞曲・文学	全顔・手遊び	手を振る	舟こぎ	揺れる	歩き	模倣	テーマ遊び
4月								
5月								
6月								
～								
3月								

月案

	鑑賞曲	文学	わらべうた新曲	わらべうた既知曲	道具／おもちゃ
1週目					
2週目					
3週目					
4週目					
5週目					

日案　　　　　年　　　月　　　日

	遊びの流れ	道具の用意
わらべうた		
部屋の設定		
次週への課題		

教師の記録

4月	流れ	気づき	反省	提案
日				
日				
日				
日				
日				

個人の記録

名前　　　　　生年月日			
4月	子どもの様子	大人の援助	提案
日			
日			
日			
日			
日			

おわりに

　3年間で，子どもたちの中に，何曲のわらべうたが，財産となって残ったでしょうか？

　いくつの歌をしたか？は，子どもにとって，大切ではありません。

　いくつの歌が，子どもの心と子どもの身体に，残っていったかです。

　自分が，唯一無二の存在であり，愛される価値のある，存在であるという感覚。

　乳児期のその感覚の上に初めて，幼児時代の人間としての多くの学びや喜びが育まれるのです。

　「人が人として生きて行くのに必要な基本的力」をつける「わらべうた」の本です。保育園・こども園の先生方にこそ実践して頂きたいと願っています。また，幼稚園の先生方にも知って頂き，臨界期である3歳クラスに「遊ばせ遊び」を取り入れて頂けたらと願っています。

　40年前，子どもたちは日々の生活のなかで多くの生きる力を身につけていました。しかし今，自然が遠のき，生活が便利になり，身体や頭を使う機会や場が減って，子どもたちの育ちが難しくなっています。3歳までに「遊ばせ遊び」を通して五感を開き，「人」の基本を育ててください。そして「人」を「人間」へと育む子どもの集団遊び「わらべうた」へと導いてください。

　『佐賀わらべうたセミナー』講師として，15年間共に学び「まとめ」をしてきた先生方の協力でこの本はできました。昔話や素話を通して，学びを助けて下さった『ずくぼんじょ』の方々。「わらべうた」を通して，その素晴らしさを見せてくれた子どもたち。心からの喜びと感謝を持ってこの本を出版いたします。出版に際しては，多くの願いを受け止めて下さった編集の及川誠さんと杉浦佐和子さん，娘のめぐみに，感謝を捧げます。

【著者紹介】

十時　やよい（ととき　やよい）

桐朋女子高校音楽科・桐朋学園大学演奏学科ピアノ専攻卒業後
福岡でコダーイを学ぶ。1980年に佐賀で音楽教室を始め，佐賀
コダーイ芸術教育研究会を設立。Ugrin Gábor・Arany János・
Rozgonyi Éva・Kocsárné Herboly Ildikó・陣内直氏を招いて
のソルフェージュ・合唱セミナーを毎年開催。

ピアノ教育の教材と方法論「メヌエット」，ピアノ教師の演奏
グループ「Sinfonia ひびき」，弦楽教師中心のアンサンブル演
奏グループ「Corda vuota」などの各種教師の勉強会設立。

「日本コダーイ協会全国大会 in 佐賀 '97」実行委員長。
元日本コダーイ協会理事・国際コダーイ協会会員。
佐賀コダーイセンター主宰。
「佐賀わらべうたセミナー」「佐賀保育セミナー」主催。
2008年佐賀県芸術文化功労賞受賞。

イラスト：福永めぐみ

実践と理論に基づく

**「わらべうた」から始める音楽教育
乳児の遊び編**

2020年4月初版第1刷刊　Ⓒ著　者　十　時　や　よ　い
発行者　藤　原　光　政
発行所　明治図書出版株式会社
http://www.meijitosho.co.jp
（企画）及川　誠（校正）杉浦佐和子
〒114-0023　東京都北区滝野川7-46-1
振替00160-5-151318　電話03(5907)6703
ご注文窓口　電話03(5907)6668
＊検印省略　　　　　組版所　藤原印刷株式会社

Printed in Japan　　　　ISBN978-4-18-321322-8
もれなくクーポンがもらえる！読者アンケートはこちらから